SEGUNDA EDICIÓN

La Crianza PRÁCTICA de los Niños Pequeños

También de Boys Town Press

Common Sense Parenting of Toddlers and Preschoolers
Help! There's a Toddler in the House!
Common Sense Parenting®
La Crianza Práctica de los Hijos
Common Sense Parenting® DVD Series
- Building Relationships
- Teaching Children Self-Control
- Preventing Problem Behavior
- Correcting Misbehavior
- Teaching Kids to Make Good Decisions
- Helping Kids Succeed in School

Show Me Your Mad Face
Great Days Ahead: Parenting Children Who Have ADHD with Hope and Confidence
Raising Children without Losing Your Voice or Your Mind (DVD)
Adolescence and Other Temporary Mental Disorders (DVD)
No Room for Bullies
Good Night, Sweet Dreams, I Love You: Now Get into Bed and Go to Sleep
Competing with Character
Practical Tools for Foster Parents

Para Niños

The WORST Day of My Life EVER!
I Just Don't Like the Sound of NO!
SORRY, I Forgot to Ask!
Teamwork Isn't My Thing, and I Don't Like to Share!
I Just Want to Do It My Way!
Thanks for the Feedback... (I Think!)
I Can't Believe You Said That!
Spacing Out
Making Friends Is an Art!
Tease Monster
Peer Pressure Gauge
Cliques Just Don't Make Cents
The Garden in My Mind
Priscilla and the Perfect Storm
Well, I Can Top That!
Decibella and Her 6-Inch Voice
Getting Along with Others

Para obtener un catálogo de Boys Town Press, llame al **1-800-282-6657** o visite nuestro sitio web: BoysTownPress.org

SEGUNDA EDICIÓN

La Crianza PRÁCTICA de los Niños Pequeños

BRIDGET A. BARNES, M.S.
STEVEN M. YORK, M.H.D.

Prólogo de

THOMAS M. REIMERS, PH.D.

BOYS TOWN Press

Boys Town, Nebraska

La Crianza Práctica de los Niños Pequeños

Publicado por The Boys Town Press
Father Flanagan's Boys' Home
Boys Town, NE 68010

ISBN: 978-1-934490-72-3

Boys Town Press es la división editorial de Boys Town, una organización nacional para el servicio de los niños y las familias.

Catalogación en la Fuente del Editor

Barnes, Bridget A.

[Common sense parenting of toddlers and preschoolers. Spanish]
La crianza práctica de los niños pequeños / Bridget A. Barnes, M.S. y Steven M. York, M.H.D. -- 2.a edición. -- Boys Town, NE : Boys Town Press, [2015]

pages ; cm.

ISBN: 978-1-934490-72-3
Translation of: Common sense parenting of toddlers and preschoolers, 2nd edition, 2015.
Resumen: Para los padres, disciplínar a los niños pequeños debería tratarse más de enseñar que de castigar y debería ser una experiencia más positiva que negativa. Esta segunda edición de "La Crianza Práctica de los Niños Pequeños" incluye mejores destrezas de crianza y nuevos pasos para los padres, con explicaciones más claras sobre cuándo y por qué utilizarlos.--Editor.

1. Discipline of children--Handbooks, manuals, etc. 2. Toddlers--Discipline--Handbooks, manuals, etc. 3. Preschool children--Discipline--Handbooks, manuals, etc. 4. Child rearing--Handbooks, manuals, etc. 5. Parenting--Handbooks, manuals, etc. 6. Parent and child--Handbooks, manuals, etc. 7. Niños--Obediencia--Libros de referencias, manuales, etc. 8. Párvulos--Obediencia--Libros de referencias, manuales, etc. 9. Niños en edad preescolar--Obediencia--Libros de referencias, manuales, etc. 10. Niños--Crianza--Libros de referencias, manuales, etc. 11. Padre de familia e hijo--Libros de referencias, manuales, etc. I. York, Steven M. II. Título. III. Título: Common sense parenting of toddlers and preschoolers. Spanish.

HQ774.5 .B3718 2015
649/.122--dc23 1504

10 9 8 7 6 5 4 3 2 1

Índice

Agradecimientos

Extendemos nuestro sincero agradecimiento a las familias que han compartido las alegrías y desafíos de la crianza de sus hijos con nosotros a lo largo de los años. También queremos agradecer a nuestros colegas Laura Buddenberg, Kathy Kirby, Linda Schuchmann y Erin Green por la ayuda y consejos que nos han brindado en esta nueva edición de *La Crianza Práctica de los Niños Pequeños*. Y por último, pero no menos importante, expresamos nuestra profunda gratitud al Padre Steven Boes, al Dr. Daniel Daly y a la dirigencia de Boys Town por su compromiso para continuar el sueño del Padre Flanagan.

LÍNEA DIRECTA BOYS TOWN NATIONAL HOTLINE®

1-800-448-3000

Es un número al que se puede recurrir para emergencias, obtener referencias y realizar consultas para los niños y los padres.

Prefacio

DE THOMAS M. REIMERS, PH.D.

Hay una cita del poeta Inglés John Wilmot que dice algo así: *"Antes de casarme, tenía seis teorías acerca de criar niños; ahora tengo seis hijos y ninguna teoría".*

Antes de que nazca su primer hijo, todos los padres tienen sus propias teorías e ideas acerca de cómo educarlo. Tienen una larga lista de expectativas, sueños y esperanzas para sus hijos. Y también tienen expectativas sobre sí mismos acerca de cómo serán como padres y cómo educarán a sus hijos. Antes de que lleguen los niños, los futuros padres suelen hacer comentarios como, *"Nunca permitiré que mi hijo..."* o *"Mi hijo siempre..."* o *"No voy a cometer los mismos errores que otros padres".* Y entonces, nacen los hijos y llega la realidad. Y esa realidad no siempre coincide con las expectativas que tenían.

A menudo, los padres me dicen cosas como, *"¡No puedo creer que mi hijo haya hecho eso!"* o "¡Oh, por Dios, sueno igual que mi madre!". Así es que, si bien los padres encuentran que hay mucha alegría y entusiasmo en la crianza de los niños, también hay muchos desafíos.

Está claro que criar a los hijos es un trabajo continuo que presenta toda clase de desafíos. El trabajo como padres nunca termina, y esto nunca es más cierto que cuando los niños son pequeños o están en edad preescolar. En los primeros años de su vida, los niños cambian rápidamente de muchas maneras en cuanto a su físico, sus emociones y sus comportamientos. Y justo cuando parece que uno tiene la situación bajo control, todo vuelve a cambiar.

La buena noticia es que Boys Town comprende los problemas que experimentan los padres de niños pequeños, y hemos desarrollado un enfoque de crianza eficaz para guiarlos a través de los primeros años de sus hijos.

La Crianza Práctica de los Niños Pequeños de Boys Town ofrece un conjunto excepcional de herramientas para ayudarlo a criar a sus hijos de la manera más eficaz posible. Los autores han combinado décadas de su propia experiencia con el conocimiento que Boys Town ha adquirido en casi 100 años de trabajo junto a los niños para que usted aprenda a comunicarse de manera eficaz con sus hijos y, lo que es más importante, a dar forma a sus comportamientos de manera positiva y productiva. Este libro no solo lo hará un padre o madre más eficaz, sino que también incrementará su confianza. Este libro será para usted una fuente de consulta permanente, y lo recomendará a sus amigos y familiares.

Los primeros años de vida de los niños están llenos de entusiasmo, alegría y, a veces, frustración. Con disculpas para el poeta John Wilmot, mi consejo es dejar que otros se ocupen de las teorías y aprovechar las estrategias de crianza práctica que encontrará en *La Crianza Práctica de los Niños Pequeños* para que puedan transitar y disfrutar los primeros años de vida de sus hijos. Es una etapa que pasará más rápido de lo que pueda imaginar. Con el enfoque de eficacia probada para la crianza de los niños de Boys Town, ¡podrá aprovechar cada día al máximo!

El Dr. Reimers es el director de la Clínica de Salud del Comportamiento de Boys Town y autor del libro de Boys Town, Help! There's a Toddler in the House! (¡Auxilio! ¡Hay un Niño Pequeño en Casa!), Proven Strategies for Parents of 2 to 6-Year-Olds to Survive and Thrive through the Mischief, Mayhem, and Meltdowns (Estrategias de Éxito Probado para que Padres de Niños de entre 2 y 6 Años Sobrevivan y Logren que sus Hijos Crezcan en Medio de las Travesuras, Alborotos y Rabietas).

Introducción

"Me encanta criar a mis hijos, pero a veces el cansancio me impide disfrutarlo".

¿Se ha encontrado alguna vez diciendo o pensando algo parecido? Los padres tienen, de vez en cuando, sentimientos encontrados, en particular cuando sus hijos son pequeños o están en edad preescolar. Ser padre de un niño pequeño es estimulante y agotador a la vez. Es la responsabilidad más importante que tendrá, y que puede estar colmada de algunas de las experiencias más ricas y satisfactorias de su vida, como ver a sus hijos caminar por primera vez o decir *"Papi"* o *"Mami"*.

Pero usted también sabe que tener hijos puede conducir a toda clase de extremos: lavar ropa cinco veces al día, lidiar con la octava rabieta de su hijo o acunar a un pequeño con fiebre en medio de una larga noche.

La crianza implica mucho aprendizaje a través de la práctica. Eso significa que los padres se enfrentan a muchas situaciones para las cuales no están preparados. Pueden responder de manera instintiva y luego preguntarse si hicieron lo correcto. Pueden sentirse inseguros con respecto a sus aptitudes como padres. Todos los padres deben tener en cuenta que a veces las cosas salen bien y otras veces no. Eso forma parte de la experiencia de ser padres.

Como les sucede a casi todos los padres, en ciertas ocasiones, necesitará ayuda y consejos cuando esté atravesando momentos complicados con sus hijos. Todos dudan, alguna que otra vez, de la efectividad de sus métodos. Es por eso que hemos desarrollado *Common Sense Parenting*® (La Crianza Práctica de los Hijos). Le ofrece destrezas fáciles de aprender, de eficacia conocida, y métodos prácticos de enseñanza que pueden ayudar a los padres a formar hogares más felices. Hemos enseñado estos métodos a decenas de miles de padres en clases dictadas en todo el país durante la última década con resultados positivos.

¿Por qué funcionan tan bien nuestros métodos de enseñanza? Hacemos énfasis en dos cosas: la *cabeza* y el *corazón*. La *cabeza* hace referencia a utilizar un método lógico y práctico para enseñar a los niños destrezas que los ayuden a tener autodisciplina. El *corazón* significa el amor incondicional que siente por sus hijos y que le permite apoyarlos a medida que aprenden y crecen. Cuando falta alguno de estos elementos, se produce un desequilibrio y los métodos pierden eficacia. Al unir estos dos aspectos, se obtiene una manera muy eficaz para abordar la crianza de los hijos.

Nuestras técnicas de enseñanza ofrecen una amplia variedad de herramientas de crianza que han dado buenos resultados en familias de todos los entornos sociales. Ya sea que usted es un entusiasmado novato con su primer hijo, o un padre, una madre o un abuelo exasperado con un niño difícil de llevar, este método de crianza puede serle útil.

Todos sabemos que no existen los padres ni los hijos perfectos. Vivimos en un mundo alborotado e imperfecto, y vamos a cometer errores, sin importar cuánto esfuerzo hagamos. También es cierto que ningún programa de crianza puede resolver todos los problemas de una familia. Sería insensato garantizar algo así. Nuestras vidas son demasiado complejas como para tener respuestas exactas para todo. Sin embargo, las destrezas que se aprenden en *La Crianza Práctica de los Hijos* (las técnicas lógicas y los fundamentos para la disciplina) le ofrecen una base para que pueda desarrollar su propio estilo de crianza. Los estudios de investigación realizados sobre las destrezas que enseñamos son muy positivos. Los padres dicen sentirse más seguros y eficaces en sus roles y que sus hijos tienen menos problemas de comportamiento.

> "Si ves marcas en la pared, es probable que tu hijo de dos años haya encontrado un lápiz".

Usted es el primer maestro de sus hijos y el más importante. Nadie debería tener mayor influencia en las vidas de sus hijos que usted. Eso significa que debe volcar a esta tarea todo el amor, la paciencia y la energía que pueda reunir. A través de todo esto, usted descubrirá que criar a un hijo es uno de los desafíos más emocionantes que jamás vaya a enfrentar.

Cuando comience a impartir enseñanzas sus hijos, recuerde que a ellos les lleva tiempo aprender ciertos comportamientos. Aunque sean pequeños, ya pueden haber aprendido algunos malos hábitos muy incorporados. Estos comportamientos no cambiarán de un día para el otro. Es posible que al principio sus hijos se resistan a lo que usted les enseñe, y que las cosas empeoren antes de mejorar.

> Muchos niños, especialmente los hijos únicos, crean amigos imaginarios. Por lo general, aparecen entre los dos años y medio y tres años de edad.

Piense en algún viaje largo que haya hecho en auto con la familia. Tuvo que parar muchas veces. Quizás alguien se mareó. Quizás usted tomó el camino equivocado. Es posible que el auto haya necesitado reparaciones. Usted comenzó a tener la sensación de que nunca llegaría adonde quería ir. A veces, puede que haya querido dar la vuelta y olvidarse del asunto.

Al igual que ese viaje familiar, criar a un hijo puede que no sea siempre una travesía perfecta. Pero esa travesía igual vale la pena, y usted puede llegar a destino mediante la paciencia, el trabajo duro y la perseverancia.

Otro factor a tener en cuenta es que todas nuestras destrezas dependen de un elemento crucial: pasar tiempo con los hijos. Usted podrá enseñarles sólo si está con ellos. Es así de simple. Podrá disfrutar de la riqueza de la familia sólo si pasan tiempo juntos. Es algo absolutamente esencial. Es el pegamento que mantiene unida a la familia.

¡Buena suerte en su travesía! Está recorriendo un camino estimulante para convertirse en una mejor madre o un mejor padre. Aproveche al máximo todas las oportunidades que ese rol le da. Su amor, las destrezas que ya tienen y las que aprenderán gracias a *La Crianza Práctica de los Hijos* marcarán una diferencia positiva en cómo se ocupa de sus hijos y de su disciplina.

Esfuércese para educarlos bien.

1

Mientras Crecen

Comprensión del Desarrollo Infantil

Muchos de nosotros hemos tenido la experiencia de sentarnos a la mesa a cenar con familiares o amigos. Alguien menciona, al pasar, que su hijo Johnny puede recitar el abecedario completo o que ha alcanzado algún otro indicador típico de la niñez. Es tentador preguntarse por qué nuestro propio hijo, que tiene la misma edad, no puede hacer lo mismo que Johnny.

Nuestro consejo es: ¡no se preocupe! Del mismo modo que las personalidades de los niños son diferentes, su desarrollo también es diferente y depende de sus propios relojes genéticos internos y del ambiente en el que se encuentran.

El desarrollo infantil se define como los indicadores perceptibles que los niños van alcanzando a medida que aprenden y crecen. Los principales tipos de desarrollo son el físico, el cognitivo (mental), el social, el emocional y el del lenguaje. Todos tienen igual importancia y se producen con rapidez, pero el más perceptible es el físico. La ropa comienza a quedarles pequeña, pierden el tejido adiposo infantil, comen más, ganan altura y peso, se vuelven más coordinados, y aprenden a gatear, a caminar y a correr. Es fácil ver el desarrollo físico de los niños a medida que crecen.

> Entre los 18 y los 20 meses, los niños pueden aprender diez o más palabras nuevas por día.[1]

El desarrollo cognitivo es todo el procesamiento de ideas que se abre para su hijo. Se vuelve más consciente del mundo, comienza a ver diferencias en la gente y los objetos, y comienza a usar la razón y el juicio. Cada vez que pregunta *"¿Por qué?"* o es capaz de distinguir entre un desconocido y un amigo, sus procesos cognitivos se están desarrollando. El desarrollo del lenguaje es una parte importante del desarrollo cognitivo. La comunicación de los niños pequeños comienza con balbuceos y gorgoritos. Este es un primer paso esencial para después poder pronunciar las vocales y las consonantes y, con el tiempo, las palabras que forman el lenguaje.

La manera en que su hijo se relaciona con otras personas y se desenvuelve en el mundo son destrezas cruciales del desarrollo. Este desarrollo emocional y social puede incluir el establecimiento de sentimientos de bienestar, apego e independencia. Todos estos sentimientos son importantes porque permiten al niño "conectarse" con los demás y comenzar a entender que lo que hacen puede afectar a la gente que los rodea. El desarrollo en estas áreas también ayuda a los niños a hacerse amigos de otros niños, a cooperar y a expresar emociones.

Sugerencias Útiles

Como padre o madre, es posible que se sienta abrumado por las responsabilidades relacionadas con el desarrollo que implica criar a un niño. Y puede que se pregunte cuál es la mejor manera de ayudar a su hijo a desarrollarse en las áreas de las que ya hemos hablado.

Una respuesta poderosa pero sencilla es pasar tiempo con los niños. Ya lo mencionamos antes, pero sin importar cuánto lo digamos, nunca está de más repetir lo importante que es prestarle atención a la personita que está criando. Por ejemplo, algo tan simple como dedicar tiempo a jugar con sus hijos lo ayudará a aprender cómo funcionan los juguetes y cómo se comunican y cooperan las personas cuando realizan actividades en grupo. O al abrazar a un hijo, al sonreírle o cantar con él, lo está ayudando a experimentar emociones, a comprender lo que se siente ser amado y que le presten atención. Estas experiencias son vitales para que se desarrollen y se conviertan en miembros felices y productivos de nuestra sociedad. Si le lee, el niño comenzará a experimentar la

> Los bebés sueñan la mitad del tiempo con que están dormidos: el doble que los adultos.[1]

magia del lenguaje hablado. Si le muestra cómo apilar bloques, comenzará a conceptualizar cómo se conforman las estructuras. Si juegan juntos, el niño aprenderá que cooperar es divertido. Si lo elogia porque apila bloques, comenzará a sentir orgullo por sus creaciones.

> A los tres años, la mayoría de los niños pueden entender la mayor parte de las palabras que usarán en conversaciones comunes en el resto de su vida.[1]

Si bien no recomendamos comparar los logros de sus hijos con los de sus hermanos o vecinos, los pediatras y expertos en cuidado infantil han establecido guías de desarrollo que ilustran algunos indicadores fundamentales que la mayoría de los niños alcanzan en ciertos intervalos de edad.

En las próximas páginas, podrá examinar algunos indicadores en las categorías de desarrollo físico, cognitivo, emocional/social y del lenguaje. Fíjese cuáles le corresponden a sus hijos. Si tiene alguna inquietud con respecto a su desarrollo, póngase en contacto con el pediatra o el médico de la familia. Conocer los indicadores de desarrollo que sus hijos han alcanzado influye en las expectativas que usted establece para ellos. Podrá obtener más información sobre el establecimiento de expectativas razonables en un capítulo posterior.

Recuerde que los niños se desarrollan a ritmos diferentes. No se preocupe si su hijo alcanza ciertos indicadores un mes después que el hijo del vecino. Un buen ejemplo es empezar a caminar. En promedio, los niños dan sus primeros pasos cuando tienen alrededor de 11 meses, pero muchos no caminan hasta los 17 meses. Algunos ya caminan a los nueve meses. Como regla general, no debería preocuparse si su hijo se retrasa en alcanzar un indicador de desarrollo, a menos que se pase seis meses del promedio.

Cuando lea los cuadros de desarrollo, puede ser muy útil copiar cada área de desarrollo y confeccionar una lista de los indicadores que su hijo ya ha alcanzado. Verá que usted se enfocará más, y los cambios se harán más evidentes. Los cuadros de desarrollo infantil también lo ayudarán a conocer la próxima etapa en el desarrollo de su hijo.

[1] White, B.L. (1995). *Los Tres Primeros Años de Vida.* Nueva York: Simon and Schuster.

Del Nacimiento a los Seis Meses

Cómo Crezco y Aprendo

"¡Estoy creciendo tan rápido! Estoy aprendiendo cosas sobre el mundo de muchas maneras. ¡Me llevo la mayoría de los objetos a la boca! Mis ojos pueden enfocar mejor y mi sentido del oído se está desarrollando muy bien. Me encanta sonreír, hacer gorgoritos y balbucear a la gente que me resulta familiar".

Físico: rápido aumento de peso y estatura; desarrolla gradualmente horarios de sueño para el día y la noche; mantiene la cabeza levantada, se da vuelta e intenta alcanzar objetos; se puede sentar solo durante períodos cortos; puede comenzar la dentición; se pone en la boca todo lo que consigue agarrar; tiene movimientos semejantes al gateo; puede sostener objetos con ambas manos, pero no los agarra con firmeza; comienza a ser capaz de sostener un vaso.

Cognitivo: a los seis meses de edad el sentido del oído está bien desarrollado; reacciona a otras personas que hablan la lengua materna; los ojos enfocan con claridad; se pone contento cuando reconoce el biberón; juega con el sonajero.

Lenguaje: comienza a hacer gorgoritos y ya balbucea a los seis meses.

Emocional/Social: puede temerles a los desconocidos, pero sonríe y balbucea a las personas que le resultan familiares en situaciones sociales; levanta los brazos para que lo alcen; expresa las señales correspondientes a la mayoría de las emociones básicas (alegría, interés, sorpresa, miedo, enojo, tristeza, repugnancia); puede imitar las expresiones emocionales de los adultos durante interacciones cara a cara; siente curiosidad por el entorno.

De Seis Meses a Un Año

Cómo Crezco y Aprendo

"¡Empiezo a desplazarme solo! Puedo sentarme sin ayuda y gatear. Algunos de mis amigos ya caminan, pero yo todavía me apoyo en los muebles, ¡por las dudas! Sé mi nombre y puedo decir 'mamá' y 'papá'. Me encanta escuchar música y estoy aprendiendo a alimentarme solo".

Físico: se sienta solo, gatea, se pone de pie ayudándose con los muebles y es posible que camine; mejora la capacidad de agarrar objetos entre el pulgar y los demás dedos; da y toma objetos; es posible que tenga preferencia por utilizar la mano izquierda o la derecha.

Cognitivo: reconoce su nombre; disfruta de escuchar música; repite comportamientos casuales que le divierten o producen resultados interesantes, como los ruidos nuevos; responde con alegría a su imagen en el espejo; puede diferenciar entre niños y adultos; tiene comportamientos intencionales u en función de una meta.

Lenguaje: le encanta hacer ruido; el balbuceo se expande y pasa a incluir sonidos del lenguaje hablado; es posible que repita frases simples; es posible que diga "papá" o "mamá"; señala con el dedo o indica para comunicarse; comprende unas pocas palabras y es posible que responda a solicitudes cortas y simples; comprende el significado de "no".

Emocional/Social: es posible que insista en alimentarse por sus propios medios; muestra independencia al no estar siempre dispuesto a cooperar; comienza a intentar imitar los comportamientos de los padres; muestra cierto temor a los extraños; muestra apego por la gente que lo cuida y le resulta familiar; usa a la persona que lo cuida como una base segura para la exploración; da muestras más frecuentes de enojo y temor; ríe y sonríe en situaciones sociales; muestra un apego muy fuerte por la madre y desarrolla apego por el padre, los hermanos y otras personas que le resultan familiares.

De 13 a 18 Meses

Cómo Crezco y Aprendo

"Ahora camino. Me gusta explorar e imitar lo que veo. Digo mis primeras palabras y me alimento solo. Me gusta pasar tiempo con mi mamá y mi papá y jugar al cucú. Estoy empezando a entender cómo usar algunas cosas, como mi peine".

Físico: rápido aumento de la estatura y el peso, pero no tanto como en el primer año; se pone de pie sin ayuda; camina sin ayuda con las piernas separadas y los brazos abiertos; sube escaleras con ayuda; puede garabatear con un lápiz; construye torres de dos o tres bloques, mejora el agarre; le gusta lanzar, hacer rodar, empujar y jalar juguetes; recoge objetos cuando está de pie; le encanta jugar con el agua; le gusta alimentarse solo.

Cognitivo: busca objetos escondidos en el último lugar en el que los vio; comienza a experimentar mediante prueba y error; comienza a generalizar el comportamiento (por ejemplo, cuando está en la casa, usa comportamientos aprendidos en la guardería); se niega con mayor frecuencia a lo que no desea; explora todo; comienza a usar más objetos para un fin (por ejemplo, para peinarse); le gusta observar e imitar actividades.

Lenguaje: agrega gestos al habla; dice las primeras palabras; participa activamente en actividades por turnos, como las palmaditas y el cucú.

Emocional/Social: busca a la madre o al padre para que lo ayuden a resolver problemas; prefiere a los adultos frente a los demás niños; participa activamente en juegos con sus hermanos; reconoce su imagen en el espejo y en videos; muestra signos de empatía; es capaz de actuar con obediencia.

De 18 a 24 Meses

Cómo Crezco y Aprendo

"Ahora camino mejor. Puedo saltar, correr y trepar, pero me caigo muchas veces. Me gusta intentar alimentarme y vestirme solo. Ahora entiendo más palabras, pero quizá creas que la única que digo es 'no'. ¡Me gusta ser más independiente!"

Físico: camina bien; también salta, corre y trepa, pero es posible que se caiga mucho; manipula objetos con buena coordinación; construye torres de cuatro o cinco bloques; le gusta empujar y jalar juguetes mientras camina; puede caminar distancias cortas hacia atrás; se le puede comenzar a enseñar a usar el baño; comienza a comer con tenedor.

Cognitivo: puede encontrar objetos escondidos; comprende que algo existe aunque esté oculto; participa en juegos de simulación; es capaz de categorizar mejor los objetos; puede visualizar objetos y acontecimientos mentalmente; comienza a desarrollar un concepto de sí mismo como persona; le gusta mostrar cierta independencia (por ejemplo, se alimenta solo, se desviste solo); se resiste a ir a la cama.

Lenguaje: puede decir entre 3 y 50 palabras, pero es posible que entienda hasta 200; le gusta dar nombre a todo; responde a solicitudes simples; repite sonidos y gestos familiares y desconocidos; responde con un "no" con frecuencia.

Emocional/Social: experimenta inicios de conciencia con emociones, como la vergüenza; tiene un vocabulario de términos referidos a las emociones y comienza a usar el lenguaje para hablar sobre las emociones y los sentimientos; comienza a tolerar mejor las ausencias de la persona que lo cuida; usa su propio nombre y el pronombre personal para designar su imagen; se categoriza a sí mismo y a los demás de acuerdo con la edad y el sexo; aparece el dominio propio; es posible que tenga preferencia por el padre; disfruta de imitar a los padres; es posible que muestre un gran apego por un juguete o una manta.

De Dos a Tres Años

Cómo Crezco y Aprendo

"Tengo mucha más coordinación que cuando era más pequeño. Entiendo y puedo usar más palabras. Me gusta salirme con la mía y, a veces, me molesta cuando mi rutina cambia. Me es más fácil usar el baño por mis propios medios, pero todavía necesito un poco de ayuda".

Físico: aumento de estatura y peso, aunque más lentamente que en la primera infancia; mejor capacidad de equilibrio; camina con mayor coordinación; puede correr, saltar, trepar, avanzar a saltos, lanzar y atrapar objetos; puede ponerse y sacarse algunas prendas; puede abotonar y desabotonar cuando los botones son grandes; usa bien la cuchara; está en movimiento constante; sube y baja escaleras solo; comienza a caminar de puntillas; pasa de hacer garabatos a dibujar de forma algo más controlada; es más independiente en el uso del baño, pero sigue necesitando un poco de ayuda; tiene dificultad para adaptarse al horario de ir a la cama.

Cognitivo: es capaz de ver situaciones simples desde la perspectiva de otros; es consciente de la diferencia entre sus pensamientos y los sucesos físicos exteriores; tiene dificultad para tomar decisiones; puede ser difícil de razonar con él.

Lenguaje: el vocabulario aumenta rápidamente; puede armar oraciones que siguen el orden básico de las palabras en la lengua materna; tiene cierto sentido de la gramática; muestra destrezas eficaces para conversar, como turnarse y seguir el tema; muestra independencia al decir "no" con regularidad.

Emocional/Social: comienza a desarrollar el concepto de sí mismo; puede distinguir entre actos intencionales y no intencionales; comienza a utilizar comportamientos cooperativos; comprende las causas y las consecuencias de emociones básicas; comprende mejor los sentimientos de los demás; distingue de qué sexo son las personas; se molesta e impacienta con facilidad; muestra su enojo mediante el llanto o la agresión física; se frustra cuando no lo comprenden; quiere que se hagan las cosas como él quiere; por momentos, retoma comportamientos de bebé; se molesta cuando cambia la rutina diaria; muestra cambios frecuentes de humor; se interesa más en sus hermanos; es posible que tenga un amigo imaginario; disfruta jugar a la par de otros niños, pero no con ellos; no comparte y reclama la propiedad de todo; es posible que rasguñe, golpee, muerda y empuje a otros niños.

De Tres a Cuatro Años

Cómo Crezco y Aprendo

"A veces, parece que me muevo en todas direcciones a la vez porque ahora puedo avanzar saltando y arrojar y atrapar objetos. Puedo alternar el pie de apoyo y correr al galope. Estoy aprendiendo a contar y el nombre de los colores. Me gusta contar historias. A veces, no puedo diferenciar lo que es real de lo que no lo es, así que me preocupa que haya monstruos a mi alrededor".

Físico: mayor coordinación al correr, saltar, avanzar saltando y lanzar y atrapar objetos; puede alternar el pie de apoyo y correr al galope; se mueve hacia delante y atrás con agilidad; puede andar en triciclo; patea balones hacia delante; lanza pelotas por encima de la altura de la cabeza; puede usar tijeras de punta redonda; por primera vez, dibuja a una persona.

Cognitivo: nota cuando las cosas cambian; puede clasificar elementos; habla consigo para guiar su comportamiento en tareas exigentes; puede recordar y aplicar información que recuerda de una situación a otra; puede contar cantidades pequeñas de objetos; nombra correctamente algunos colores; participa en juegos de simulación; comienza a tener un sentido más claro del tiempo.

Lenguaje: comprende los conceptos de "igual" y "diferente"; domina algunas reglas básicas de la gramática; habla con oraciones de cinco o seis palabras; cuenta historias; puede hablar con suficiente claridad para que le entiendan personas desconocidas.

Emocional/Social: es capaz de controlar mejor sus emociones; se hacen más comunes los sentimientos de inseguridad, tales como la vergüenza, la culpa, la envidia y el orgullo; entabla las primeras amistades; mejora la capacidad de jugar con otros; aumenta la preferencia por compañeros de juego del mismo sexo; juega a ser "mamá" o "papá"; imagina que muchas imágenes que no le son familiares pueden ser "monstruos"; a menudo, no puede distinguir entre la fantasía y la realidad.

De Cinco a Seis Años

Cómo Crezco y Aprendo

"Estoy más alto y me siento mayor porque me están saliendo los primeros dientes permanentes. Puedo atarme los cordones y hacer dibujos más detallados. Sé hacer sumas y restas simples y sé cómo funciona el tiempo. Me gusta cantar y bailar. Quiero gustarle a mis amigos".

Físico: el cuerpo se vuelve más estilizado, con las piernas más largas; puede alternar el pie de apoyo y pararse sobre una pierna durante diez segundos o más; sale el primer diente permanente; mejora la velocidad y la resistencia de las destrezas motrices gruesas; se ata los cordones; escribe su nombre; sabe algunas letras del abecedario y puede escribirlas en imprenta; por lo general, atiende sus propias necesidades de uso del baño; se viste y desviste sin ayuda; puede usar el tenedor, la cuchara y, a veces, un cuchillo de mesa.

Cognitivo: aumenta la capacidad de prestar atención; aumenta la capacidad de distinguir las imágenes reales de las imaginarias (por ejemplo, sabe que una persona con un disfraz de Noche de Brujas no es en realidad un monstruo); mejora la memoria; puede hacer sumas y restas simples; puede contar diez objetos o más; dice correctamente el nombre de, al menos, cuatro colores; entiende mejor el concepto del tiempo; conoce los elementos que se usan a diario en la casa (dinero, alimentos, electrodomésticos).

Lenguaje: dice oraciones de más de cinco palabras; usa el tiempo futuro; dice su nombre y dirección; puede contar historias más largas; usa el lenguaje para expresar empatía.

Emocional/Social: le gusta cantar, bailar y actuar; le gusta complacer a sus amigos y quiere ser como ellos; es más probable que acepte reglas, pero también puede ser exigente; muestra más independencia; comprende lo básico acerca de las diferencias de sexo; es capaz de distinguir la fantasía de la realidad; tiene mayor capacidad de leer señales sociales y de interpretar y predecir las reacciones emocionales de los demás y de influir en ellas.

En Resumen

Conocer cierta información básica sobre el desarrollo infantil es un factor importante para mejorar las destrezas de crianza. Ser consciente de las capacidades de sus hijos y de lo que se puede esperar que hagan a diferentes edades puede ayudar a orientarlo en cuanto a cómo enseñarles, disciplinarlos y reconfortarlos, a fin de adaptarse a sus necesidades y a su nivel de desarrollo. De esa forma, no corre el riesgo de pedir a su hijo que haga algo que no es capaz de hacer ni de establecer expectativas demasiado altas. Estas situaciones pueden frustrar y desalentarlo tanto a usted como a su hijo. (retomaremos este tema en el próximo capítulo). Y lo más importante es que determinar la etapa del desarrollo físico, cognitivo, emocional y social en la que se encuentra su hijo le proporciona a usted un punto de partida para aplicar los métodos de crianza que presentaremos en este libro.

Fuentes de los indicadores de desarrollo infantil

Berk, L.F. (1996, 2012). ***Infants, children, and adolescents*** *(Bebés, niños y adolescentes).* Boston: Allyn & Bacon.

Indicadores de Desarrollo (27 de Marzo de 2014). Centros para el Control y la Prevención de Enfermedades. Consultado el 31 de Julio 2014, de http://www.cdc.gov/NCBDDD/actearly/milestones/index.html

Manczak, D.W. (1986-1997). ***Normal childhood development*** *(El Desarrollo normal en la infancia).* Greenwood Village, CO: National Health Enhancement Systems, Clinical Reference Systems, Ltd.

Shelov, S.P., & Hannemann, R.E. (1993, 2009). ***Caring for your baby and young child: Birth to age 5*** *(El cuidado de su hijo pequeño: desde que nace hasta los 5 años). Nueva York: Bantam Books.*

2

¡Sea Razonable!

Establecimiento de Expectativas para su Hijo

A medida que aprende más sobre el desarrollo de su hijo, estará en mejores condiciones para identificar cuáles son las expectativas razonables para sus comportamientos y logros. A menudo, las expectativas son una fuente de conflicto entre padres e hijos.

Solemos preguntar a los padres por qué leen nuestros *libros* o toman nuestros cursos de *La Crianza Práctica de los Hijos*. Una respuesta habitual es que quieren tener menos conflictos con sus hijos. Por lo general, esto significa que desean que sus hijos dejen de hacer algo negativo o que comiencen a hacer algo positivo.

Por ejemplo, los padres dicen que no quieren que a su hijo le dé un berrinche cuando le ordenan que recoja sus juguetes. Lo que desean, en cambio, es que diga *"De acuerdo"* y recoja los juguetes de inmediato. O no quieren que su hija discuta cuando le dicen que no van a comprarle dulces en la tienda. Por el contrario, quieren que acepte con calma sus respuestas *negativas.* Estos ejemplos de *qué hacer* o *dejar de hacer* ilustran las expectativas de los padres en función del comportamiento de sus hijos. En esta sección, hablaremos sobre estas expectativas: cómo desarrollarlas, cómo aclararlas y cómo alentar mejoras en función de ellas.

Desarrollo de Expectativas Claras

Nuestro repaso rápido del desarrollo infantil muestra que los niños se desarrollan a su propio ritmo y de maneras únicas. Eso significa que existen límites con respecto a lo que se puede esperar de los niños de todas las edades. Por ejemplo, sería razonable esperar que una niña de cuatro años se vista sola con un poco de ayuda de los padres, como ser, por ejemplo, mostrándole cómo ponerse las prendas. Es probable que pueda ponerse zapatillas con velcro, pero no que pueda atarse los cordones. Si usted la ha instruido, es razonable esperar que se vista sola, dada su edad, sus capacidades y sus recursos.

Las expectativas razonables son las apropiadas para la edad, la capacidad y el desarrollo del niño. Tener expectativas razonables respecto de los niños es importante porque les facilita alcanzar el éxito y hace que los padres se sientan menos frustrados.

¿Cómo se puede saber si una expectativa es razonable o no? Si puede responder *"Sí"* a cada una de las siguientes preguntas, entonces es probable que esté en camino de desarrollar expectativas razonables respecto de sus hijos.

¿Les ha enseñado a sus hijos cuáles son las expectativas?

En *La Crianza Práctica de los Hijos*, explicamos cómo enseñarles a sus hijos las diversas destrezas que necesitarán para tener éxito. Enséñeles con anticipación estas destrezas y lo que espera de ellos. Es poco razonable esperar que sus hijos sean capaces de hacer algo si no les ha enseñado cómo hacerlo.

El pensamiento mágico, común en niños menores de 5 años, es la creencia que los pensamientos o sentimientos de uno tienen influencia sobre las personas o el entorno cercanos y pueden hacer que sucedan cosas.[1]

¿Pueden entender sus hijos lo que les enseñó?

Una manera de comprobar si entendieron es pedirles que describan con sus propias palabras lo que les ha dicho. Es posible que su hijo no use las palabras exactas que usted usa, pero la descripción indicará si sus expectativas fueron claras y si su hijo las entiende.

¿Pueden sus hijos demostrar lo que les enseñó?

Pida a sus hijos que le muestren lo que les ha enseñado. Si pueden demostrar la tarea razonablemente bien, entonces, es probable que su expectativa esté a la altura de sus capacidades.

∗ ¿Ha servido de modelo para el comportamiento que desea que tengan sus hijos?

¿Les muestra con regularidad a sus hijos lo que quiere que hagan? Actuar como modelo es una herramienta de aprendizaje muy importante y poderosa, ya que sus hijos siempre están mirando lo que usted hace e intentan imitar su comportamiento. Por lo tanto, si quiere que su hijo aprenda a dejar los calcetines sucios en la canasta, permita que lo vea haciéndolo y, luego, haga que repita lo que usted hizo, es decir, que arroje otro calcetín en la canasta. Si quiere que su hija diga *"Gracias"* cuando le da un juguete, dígale *"Gracias"* cuando ella le da algo a usted. Los niños pequeños, por lo general, aprenden más por imitación que por escuchar lo que les dicen.

Aclaración de las Expectativas

Hay dos partes importantes en el proceso de aclarar las expectativas respecto de sus hijos. La primera parte consiste en lo que usted dice, y la segunda parte consiste en lo que hace. Trataremos esto en mayor detalle más adelante, pero lo mencionamos aquí para que pueda comenzar a pensar en ello.

Lo que dice

Use oraciones cortas y palabras que su hijo pueda entender. Además, tenga presente que las expectativas son, por lo general, más claras y eficaces cuando se describen de manera positiva, en lugar de decir lo que no se debe hacer.

Seguirá habiendo ocasiones en las cuales le indique que *no puede hacer algo*, pero luego de ello, trate de indicarle algo que *sí puede hacer*. Por ejemplo, podría decirle a su hijo de 4 años: *"No dibujes en la pared"*. Luego, debería agregar: *"Cuando quieras dibujar, pídeme papel y siéntate a la mesa a dibujar"*.

Al describir sus expectativas de forma positiva, le dice con claridad a su hijo lo que debe hacer en el futuro. Siempre dígale lo que *sí* quiere que haga, en lugar de decirle simplemente lo que *no* quiere que haga.

> Los niños de dos años y medio piensan, en promedio, que todo lo que se mueve está vivo (los automóviles en movimiento, una pelota que rueda, etc.).

Lo usted que hace

¿Cómo puede asegurarse de que sus hijos entiendan sus expectativas? En primer lugar, recuerde servir de modelo para lo que desea que aprenda su hijo. En otras palabras, predique con el ejemplo. Es más probable que los niños aprendan lo que se espera de ellos a partir de lo que lo ven hacer a usted que de lo que lo escuchan decir. Si quiere que sus hijos digan *"Por favor"* y *"Gracias"*, entonces usted debe usar esas palabras sistemáticamente. Si quiere que sus hijos digan la verdad, hágalos ver que usted tiene un trato sincero con los demás. Muchas veces, las acciones realmente valen más que mil palabras. Por ello, usted debe ser un constante modelo positivo. De esa manera, sus hijos comprenderán con mayor claridad sus expectativas.

Después de haber servido de modelo de sus expectativas y de habérselas explicado con claridad, elogie los comportamientos coherentes con dichas expectativas y corrija los que no las satisfagan.

Por ejemplo, si su hijo de cinco años no lloriquea ni pide dulces en la tienda como lo hacía en el pasado, dígale específicamente lo que hizo bien. Aprenda a reconocer siempre el comportamiento positivo.

A su vez, si su hijo discute con usted después de haberle dicho que *"No"*, corrija este comportamiento. Describa específicamente lo que ha hecho y dígale lo que usted espera. Al dejarlo discutir y lloriquear después de decirle "no", sólo aprenderá a desafiar más sus límites y continuar con el mal comportamiento.

Si se oye a usted mismo decir cosas como *"Si tengo que decírtelo una vez más..."* o *"No me hagas ir hasta allí"*, en lugar de describir específicamente lo que desea, no les está transmitiendo claramente a sus hijos las expectativas de cómo quiere que se comporten. Les da, por el contrario, el mensaje que tienen varias oportunidades más de comportarse mal, ya que usted no va a resolver inmediatamente el problema relativo a su mal comportamiento. Las expectativas son claras cuando usted responde, de manera consecuente, a los comportamientos positivos y negativos de sus hijos.

Los padres también deben ponerse de acuerdo en las expectativas que tienen respecto de sus hijos. *Todos* los padres necesitan tener expectativas y métodos de disciplina coherentes. Para algunas familias con dos padres, ponerse de acuerdo en las expectativas puede constituir un problema. El padre puede pensar que la madre no es razonable, que es demasiado o muy poco estricta, o viceversa. Se necesita un esfuerzo constante y una buena comunicación para que dos padres con diferentes maneras de abordar la crianza establezcan expectativas con las que puedan estar de acuerdo. Los padres deben aprender a negociar entre sí. También es importante que acuerden no discutir sobre las expectativas frente a los niños. Cuando los padres no pueden ponerse de acuerdo, la vida se vuelve confusa y problemática para todos los integrantes de la familia. Vale la pena el esfuerzo de ambos a fin de desarrollar expectativas similares respecto del comportamiento de sus hijos. Establecer expectativas claras beneficia, con el tiempo, a todos los miembros de la familia.

> Luis XIV fue coronado rey de Francia a los cinco años.

Además, los padres necesitan evaluar las expectativas que tienen respecto de sí mismos. A veces, es difícil para los padres de niños muy pequeños adaptarse a las exigencias de la paternidad. Puede resultarles complicado mantener el nuevo ritmo de lavado de ropa y el otro montón de tareas que forman parte de cuidar a un niño pequeño.

O puede ocurrir que extrañen los momentos de ocio de los cuales disfrutaban cuando no tenían hijos y las actividades de adultos, como salir a cenar con regularidad o ir a ver los estrenos al cine. Cuando llegan los hijos, los padres deben reducir su vida social, y ello puede exigir una gran adaptación.

Estas son algunas preguntas que debe hacerse sobre sus expectativas con respecto a la vida en familia: ¿Ha hecho alguna evaluación de sus expectativas últimamente? ¿Necesita volver a adaptar sus expectativas con respecto a cuánto tiempo exige ser un buen padre o madre? ¿Necesita pasar con regularidad un poco de tiempo sin sus hijos, por ejemplo, hacer una salida nocturna mensual de "adultos"?

En Resumen

Las expectativas claras ayudan a los niños a entender lo que deben y no deben hacer. Proporcionan un marco para comportamientos positivos. Aunque los niños no satisfagan sus expectativas todo el tiempo, a la larga, la constancia y la paciencia darán sus frutos. Recuerde hacerse cuatro preguntas importantes:"

¿Les he transmitido mis expectativas?".

"¿Pueden mis hijos comprender lo que les enseñé?".

"¿Pueden mis hijos dar muestras de mis expectativas?"

"¿He servido de modelo para lo que quiero que hagan mis hijos?".

Si puede responder *"Sí"* a las cuatro preguntas, está haciendo un gran trabajo en el establecimiento de expectativas claras y razonables.

Recuerde que las expectativas de los padres respecto de sí mismos también son importantes. Dedique tiempo con regularidad a evaluar cuáles son sus expectativas en todos los aspectos de su vida: crianza, vida social, carrera profesional, participación en la comunidad, etc.

[1] Franck, I., y Brownstone, D. (1996). ***Parenting A to Z*** *(Crianza de la A a la Z)*. Nueva York: Harper Collins.

las Preguntas Más Frecuentes acerca de las Expectativas Razonables

P **"¿Qué puedo esperar con respecto a la capacidad de mi hijo para jugar en buenos términos con otros niños?"**

R Es de esperar que los niños de entre 2 y 5 años inicialmente tengan problemas para jugar en buenos términos con otros. Es muy común que algunos niños no aprendan a compartir hasta la edad de 3 o 4 años, ya que hasta ese momento todavía tienen la idea de que todo es "mío". Pueden disfrutar de estar junto a otros niños a veces, pero aún no están listos para manejar todo lo novedoso de las relaciones interpersonales. Asegúrese de usar *Elogios Eficaces* (consulte el Capítulo 7) cuando vea que su hijo juega en buenos términos con otros niños. Los niños, a menudo, aprenden comportamientos de juego imitando a otros niños, en especial a los hermanos mayores. Con el tiempo, comenzarán a compartir ciertos objetos y a aprender a cooperar durante el juego.

P **"Mi hija intimida a otros niños. ¿Es un comportamiento normal? ¿Qué debo hacer al respecto?"**

R Durante el desarrollo normal, es esperable que los niños tengan un comportamiento intimidatorio hacia otros niños. Pero, si se convierte en algo frecuente, enséñeles un comportamiento positivo que lo reemplace. Haga que su hija practique, varias veces al día, diferentes maneras de ser considerada con los demás. Enséñele a cooperar y a obtener cosas de una manera aceptable desde el punto de vista social. Permítale obtener cosas que la diviertan cuando practica o interactúa de modo correcto con los demás. Aplíquele consecuencias negativas a su hijo cuando vea que tiene comportamientos intimidatorios. Utilice un tono de voz firme y serio y asegúrese de que usted tampoco tenga actitudes intimidatorias.

P **“Hace poco, mi hijo de tres años comenzó a aferrarse a mí siempre que quiero ir a algún lugar sin él. ¿Es normal? ¿Hay algo que pueda hacer?”**

R La respuesta a ambas preguntas es que sí. Cuando tienen alrededor de ocho meses, los niños comienzan a percibir quiénes son ellos y quiénes son sus padres. Aferrarse puede ser parte del proceso de vinculación afectiva con el padre o la madre. A medida que crecen, es posible que continúen aferrándose al padre o la madre por la seguridad que sienten. Para fomentar la independencia de su hijo, asígnele tareas sencillas que usted sepa que es capaz de hacer y elógielo por jugar solo o con otras personas. Practique con su hijo lo que debería hacer cuando usted tenga que irse de la casa. Establezca consecuencias positivas por no aferrarse a usted. Tenga en cuenta que a su hijo puede llevarle algún tiempo sentirse seguro e independiente y es esperable que lloriquee y grite algunas veces; así que, tenga paciencia.

3

Un Juego de Niños

Cómo Reconfortar a Su Hijo

Una de las cualidades más importantes de una buena crianza es reconfortar a los hijos. Reconfortar significa mostrar a los hijos que son amados y aceptados para que puedan crecer y desarrollarse. Hay muchos tipos de comportamientos que pueden ser reconfortantes: sonrisas, abrazos, besos, palabras de aliento, un masaje relajante en la espalda, hacer una comida favorita, escuchar, cualquier acción que le muestre al niño que usted lo ama.

Una buena manera de recordar el uso de estos comportamientos reconfortantes es pensar en las cinco letras **A:**

Apoyo: *brindar al niño apoyo físico y emocional.*

Atención: *mostrar afecto a través de acciones cotidianas, como preparar comidas nutritivas y asegurarse de que duerman lo suficiente.*

Aceptación: *mostrar amor incondicional.*

Amor: *exhibir apego físico y emocional (apropiado*

para la edad del niño y su nivel de desarrollo).

Aliento: *ofrecer a los niños esperanza, valor y confianza.*

Recuerde aplicar las **cinco letras A** para equilibrar los comportamientos reconfortantes con la enseñanza y la disciplina. Esa es la mejor manera de que el niño tenga un desarrollo saludable. Es el equilibrio entre el *corazón* y la *cabeza* del que hablamos al principio de este libro.

Para algunos padres, aplicar comportamientos reconfortantes es algo instintivo. Les resulta fácil comunicarles a sus hijos y a los demás cómo se sienten. Saben exactamente cuándo sonreír u ofrecer un abrazo, y cuándo disponerse a escuchar.

A otros les puede parecer más difícil. Quizá creen no ser muy buenos para mostrar sus sentimientos o les resulta complicado saber qué decir en ciertas situaciones.

Cualquiera sea su caso, aprenda cuáles son las técnicas que dan buen resultado con sus hijos y aplique esos comportamientos reconfortantes para ayudar a crear una base sólida para su crecimiento. La clave es desarrollar una relación con su hijo basada en la sinceridad y el amor.

Observemos más de cerca algunos de los signos fundamentales de las relaciones, los elementos que las hacen esenciales y valiosas. Es probable que ya posea muchas de estas cualidades. De ser así, probablemente encontrará modos para mejorar lo que ya posee. Quizás pensar en estas cualidades lo ayude a descubrir nuevas maneras de sacar el máximo provecho de su potencial para reconfortar a sus hijos. Tómese un tiempo para seleccionar algunas destrezas que pueda aprender y haga que este aprendizaje forme parte de su objetivo de desarrollo personal. Aceptémoslo, si no buscamos mejorar continuamente, el estrés de la vida nos lleva a retomar viejos hábitos. Luego, pueden surgir comportamientos negativos a partir de nuestras frustraciones.

Es muy probable que le sea más fácil cultivar relaciones felices y saludables con los demás si consigue que las siguientes cualidades formen parte de su personalidad. Serán especialmente útiles para enseñarles a sus hijos a llevar una vida más plena y feliz.

> "Si quieres que tus hijos sean inteligentes, léeles cuentos de hadas. Si quieres que sean más inteligentes, léeles más cuentos de hadas".
>
> —*Albert Einstein*

Jugar

Jugar con sus hijos es algo más que diversión y juegos. Es un momento especial para encender la llama de la imaginación, desarrollar destrezas, explorar y, sobre todo, estar juntos.

El juego es una parte importante en el aprendizaje de los niños para superar desafíos, desarrollar sus cuerpos y sus mentes, y aprender a llevarse bien con los demás. Cuando le dedica tiempo a sumarse al juego (lanzar pelotas, apilar bloques y reunirse a tomar el té), ayuda a su hijo a aprender esas destrezas para la vida. También adquiere más conocimientos sobre las capacidades de su hijo y sobre cómo ve el mundo. Y tiene otro beneficio: ¡es divertido!

En la próxima sección, analizaremos cómo los padres pueden convertirse en buenos compañeros de juego, cómo los juegos pueden ayudar a los niños a enfrentar desafíos y cómo las actividades recreativas pueden enseñar valiosas lecciones de vida a los niños.

Jugar Juntos

A veces, los padres se esfuerzan demasiado cuando juegan con sus hijos. En lugar de jugar, se pasan el tiempo corrigiendo a los niños o mostrándoles cómo harían algo. Dicen: *"No, mi amor. Ese bloque va arriba"* o *"Espera, déjame que lo haga por ti"*. Por supuesto, está bien establecer ciertas expectativas, como no lanzar objetos ni escribir en las paredes, pero no hay que quitarle la diversión al juego con instrucciones o críticas constantes.

Si quiere divertirse más cuando juega con su hijo, cédale el papel de líder en los momentos de recreación. Después de todo, los niños son expertos cuando se trata de jugar. Aquí incluimos otros consejos prácticos para ser un mejor compañero de juego:

Aprenda a disfrutar del juego

No mezcle el trabajo con el placer de jugar. Relájese y dese a usted y a su hijo permiso para divertirse. No pase todo el tiempo mirando el reloj. Trate de dedicarse por completo a su hijo cuando jueguen juntos y no esté pensando en otras cosas que tenga que hacer. Pregúntese si realmente jugar cinco minutos más le impedirá terminar las demás cosas que tenga que hacer. El compromiso más importante que tiene es el niño que se encuentra frente a usted con una pila de bloques o la pelota de fútbol.

Use la creatividad

No se limite a los juguetes que se compran en las tiendas. Algunos de los mejores juegos del mundo son gratuitos. Hay muchas maneras creativas e ingeniosas de jugar. Ya sea explorar un hormiguero, construir castillos de arena o dar un paseo a pie, hay muchas oportunidades de cultivar la imaginación de los pequeños, en especial, al aire libre. Mientras juegan, estimule la creatividad y la capacidad de su hijo para resolver problemas haciéndole preguntas o pidiéndole que finja ser otra persona u otra cosa, por ejemplo, un animal.

Acepte el rol que le han dado

Cuando su hijo le asigna un rol durante el juego, siga el libreto. Si quiere ser la madre o el padre y que usted sea el hijo en el juego de simulación, que así sea. Jugar a ser otra persona es una manera excelente de aprender cómo piensan y sienten los demás.

Limite la cantidad de tiempo dedicada a mirar la televisión u "otras pantallas" como forma de diversión

Mirar de vez en cuando un video o un programa de televisión con su hijo o jugar juntos a la computadora puede ser bueno para relajarse, pero no permita que la televisión o la computadora se conviertan en la fuente principal de entretenimiento o en una niñera. Además, asegúrese de interactuar con sus hijos cuando miran vídeos o programas de televisión juntos. Aproveche las oportunidades que le brinda el contenido del programa para dar explicaciones, compartir opiniones o hablar acerca de los valores. Muchos videos y programas son, además de entretenidos, educativos. Es importante que sea usted quien controle el televisor y la computadora, y no al revés. Limite el tiempo que sus hijos pueden pasar mirando televisión.

> "Sin embargo, un grupo de niños pequeños que componen una historia juntos es una experiencia de aprendizaje mucho más rica que arrastrar cosas por una pantalla para hacer una historia. Los niños aprenden mejor en el contexto de las relaciones".
>
> — *Claire Lerner*

Hágase tiempo para jugar

No espere que sus hijos lo inviten a jugar. A veces, los padres sutilmente les dan a sus hijos la impresión que no están disponibles para jugar; por lo tanto, puede ocurrir que los niños intenten llamar la atención de los padres de modos poco apropiados. Si toma la iniciativa de hacerse tiempo para jugar con sus hijos, les hará saber que ellos le importan y que usted está disponible para jugar. Los niños quieren saber que son especiales para sus padres. No es necesario que estas actividades recreativas duren mucho. De hecho, hacer varias actividades recreativas cortas durante el día es, por lo general, mejor para todos. Algunos momentos ideales para disfrutar del juego son después de las comidas o luego de realizar las tareas del hogar, o durante unos minutos cuando todos llegan a casa.

La Importancia del Juego

Los diferentes tipos de juego enseñan a los niños diferentes lecciones de vida. Repasemos rápidamente cuán importante es el juego:

Juego Físico

El juego físico (correr, saltar, trepar, apretar, aplastar, lanzar y atrapar) ayuda a los niños a perfeccionar sus destrezas motrices finas. A través del juego físico, aprenden a usar la mente y el cuerpo para manipular su mundo.

Correr, saltar y otras formas de juego activo, en especial, los deportes en equipo, también aumentan la confianza de los niños en su propio cuerpo y les enseñan a cooperar con otros y trabajar con un objetivo común.

Imaginación y Simulación

Aliente a sus hijos a usar juguetes que despierten su imaginación, tales como bloques, muñecas, animales de peluche, muñecos coleccionables o elementos del hogar. Los juguetes que estimulan el uso de la imaginación ayudan a los niños a aprender a ser creativos y resolver problemas, dos destrezas que les serán de mucha utilidad cuando crezcan.

Una pila de bloques, por ejemplo, puede convertirse en cualquier cosa que el niño imagine, como un castillo gigante o una nave espacial. Los elementos del hogar también pueden convertirse en maravillosas herramientas imaginarias. Una cuchara de madera podría usarse como una varita mágica, y una manta vieja podría convertirse en una excelente tienda de campaña.

Juego para Compartir y Comunicarse

Algunos juegos de mesa y juegos infantiles, como "corre que te atrapo" (también conocido como la roña, la mancha o la llevas) o las "escondidas", pueden ayudar a los niños a aprender a comunicarse y cooperar, al turnarse y formar parte de un equipo. Busque en la librería más cercana un libro sobre juegos infantiles.

Dibujar y hacer artesanías los ayuda a aprender a expresarse o a compartir sus sentimientos. Los juegos en los que hay que cantar también los ayudan a comprender cómo las palabras pueden representar diferentes objetos.

Sugerencias para Jugar

Estos son algunos juegos divertidos en los que puede participar con sus hijos:

Juego de los Nombres: ayude a sus hijos a que aprendan a describir objetos, personas y cosas usando palabras.

Elija una palabra del día, como puede ser "redondo" (Ejemplo: buscar, en la casa, tantas cosas redondas como sea posible. Hablar de los objetos redondos que vean en el camino a la guardería o el jardín de infantes). Intenten usar la palabra con diferentes objetos, cosas y personas que usted y sus hijos encuentren durante el día. Esta actividad es excelente para enriquecer el vocabulario de su hijo y para que comprenda cómo usar las palabras.

Espectáculo de Títeres con Calcetines: haga que sus hijos cuenten historias recurriendo a su imaginación y a un títere hecho con un calcetín viejo. Los niños pueden aprender a expresar sus sentimientos y pensamientos con el títere. Ayude a sus hijos a crear un animal o alguna otra criatura imaginaria con el calcetín usando hilo, fieltro, parches de tela, etc. Cada noche, antes de acostarse, su hijo puede contarle cómo fue su día utilizando el títere. O puede usar el títere usted y contarle una historia a su hijo.

Cortar y Pegar: supervise a sus hijos mientras aprenden a usar tijeras y a pegar papel juntos. Hagan tarjetas, fotos para enviar a los abuelos y otras obras de arte coloridas. Deje que sus hijos expresen sus sentimientos al tiempo que mejoran sus destrezas motrices finas. Nota: la seguridad es importante en esta actividad. Supervíselos, enséñeles y asegúrese de que no haya tijeras puntiagudas a su alcance cuando usted no está presente.

Disfrazarse y Simular: présteles prendas viejas a sus hijos para que desempeñen nuevos roles. Hágales preguntas acerca de la persona que simulan ser, por ejemplo, de qué manera se gana la vida o dónde vive.

Pintar con los Dedos: dé a sus hijos bolsas grandes de papel con un orificio cortado en el fondo y deje que usen pintura para dedos para dibujar un objeto, un animal o una planta. Cuando la pintura se seque, permítales ponerse sus creaciones y mostrar lo que hace la figura pintada, cómo podría sentirse o cómo podría usarla la gente.

Tirar Globos con Agua: esto ayuda a desarrollar la coordinación entre la vista y las manos y la capacidad para interactuar con otras personas. En un día cálido de verano, tirar globos con agua es una buena manera de refrescarse y trabajar la flexibilidad del torso y otras destrezas físicas.

> El juego de tira y afloja tiene 4.000 años de antigüedad.

Juego de las Sillas: enséñeles a apreciar la música mientras se divierten con el juego de las sillas. El juego es más divertido con varios participantes. Disponga varias sillas plegables o de cocina en fila. Debe haber una silla menos que la cantidad de jugadores. Dígales a los niños que deben caminar alrededor de las sillas mientras suena la música. El objetivo del juego es sentarse en una silla sin lastimar a nadie cuando la música se detiene. La persona que se queda sin silla cuando la música se detiene queda eliminada. Para musicalizar el juego, puede utilizar un instrumento musical, una radio, un reproductor de CD o un iPod. Al terminar el juego, puede hablar brevemente con los niños acerca del instrumento o la música que escucharon.

Fotografías: capture el momento en que sus hijos se están portando bien. Tómeles una fotografía mientras juegan en armonía, guardan sus juguetes o leen un libro. Coloque la fotografía en un lugar destacado.

Diversión con Calcomanías: use calcomanías para fomentar el juego en armonía. Cuando su hijo se está llevando bien con sus compañeros de juego, ponga una calcomanía en su camisa a modo de recompensa por su buen comportamiento. De esta manera, todos sabrán que se ha portado bien.

Mi Pequeño Ayudante: a los niños pequeños les encanta ayudar en las tareas de la casa. Asígneles tareas seguras que puedan realizar con su ayuda y orientación.

En la página siguiente, enumeramos las tareas acordes al desarrollo de los niños pequeños. Esta lista le dará algunas ideas para comenzar. Las tareas que presentamos aquí son un recurso para comenzar a enseñar a sus hijos pequeños a ser responsables, ayudar a los otros y ser parte de una familia. Hacer que los niños participen en tareas de la casa también puede ayudarlos a crecer en varias áreas del desarrollo.

Humor

Tener un buen sentido del humor es una herramienta invaluable para reconfortar a los niños. Cuando se ríe de chistes tontos con sus hijos y los estimula para que busquen el costado humorístico en el mundo que los rodea, las cosas parecen salir mejor. Al mostrarles que usted tiene buen sentido del humor, los ayuda a aprender lo saludable que es reír. ¡Recuerde que los niños necesitan aliviar su estrés tanto como los adultos!

Tareas de la Casa para Niños Pequeños

Entre tres y cuatro años

Limpiar líquidos derramados.

Recoger juguetes.

Limpiar con un trapo parte de una mesa.

Poner platos, utensilios y vasos en una mesa (use elementos irrompibles).

Organizar pares de calcetines.

Poner prendas en la canasta de ropa para lavar.

Servir cereal seco.

Enjuagar elementos en el fregadero (frutas, verduras, platos irrompibles).

Revolver masa para panqueques.

Apagar el televisor o las luces.

Poner la comida de la mascota en un bol.

Guardar ropa doblada en un cajón.

Mantener la puerta abierta para que pasen otras personas.

Llevar elementos a la casa desde el automóvil (cosas pequeñas e irrompibles).

Retirar elementos de la mesa después de comer (elementos irrompibles y que no produzcan derrames).

Entre cinco y seis años

Todas las tareas de la lista para niños de entre tres y cuatro años.

Estirar las mantas de las camas.

Doblar toallas.

Aprender a usar el cuchillo de mesa.

Cargar ropa en la secadora.

Buscar artículos en el supermercado.

Preparar bocadillos simples (untar mantequilla o jalea en el pan).

Quitar el polvo de los muebles.

Pasar la aspiradora.

Regar las plantas.

Organizar elementos en un estante (juguetes, libros, artículos irrompibles).

Ayudar a cuidar a los hermanos menores (traer un pañal o un juguete, compartir juguetes, mirar un libro juntos).

Enjuagar cosas con una manguera (el automóvil, la acera, la bicicleta).

Sostener la pala para la basura.

Llenar con agua el plato de a mascota.

Doblar camisas o pantalones.

El humor da perspectiva. Ser padre es una travesía llena de altibajos. Si no aprende a encontrar el costado humorístico en las cosas que suceden, estará constantemente preocupado por lo malo. Un buen sentido del humor tiene el poder de aislarlo de los sentimientos negativos que pueden abatirlo y afectar sus esfuerzos para educar a sus hijos.

No es necesario ser comediante para hacer uso del humor. La idea es comunicar a sus hijos que usted ve el costado divertido de la vida. En el caso de los niños más pequeños, puede divertirse haciendo morisquetas o voces graciosas. Es posible que sea bueno para contar cuentos y le guste reírse con sus relatos absurdos. Quizá su sentido del humor tiende más al uso de la exageración o a quitar gravedad a las cosas, y puede dibujar una sonrisa en las caras de sus hijos con comentarios como *"Debe haber comido quichicientos tacos"*.

Cualquiera sea el método que utilice, es importante hacer del humor una parte natural de su personalidad. Al usarlo de esta manera, el humor brinda un alivio grato al estrés de la vida cotidiana y nos permite relajarnos y disfrutar de nuestra compañía.

Estimule los intentos de sus hijos de ser graciosos y enséñeles cuándo deben intentar serlo y cuándo no. Haga hincapié en que nunca se debe usar el humor para menospreciar a otra persona o cuando alguien se equivoca o se lastima. El humor es para levantar el ánimo de la gente, no para rebajarla. Tenga en cuenta que, cuando los niños son muy pequeños, puede reforzar un comportamiento si usted se ríe cuando lo realizan. Si no quiere que un comportamiento se repita, como escupir la comida, no se ría de eso.

Empatía

La empatía implica intentar comprender la situación y los sentimientos de otra persona, y para mucha gente, incluidos los padres, eso no es tarea fácil. Mientras crecíamos, a muchos nos dijeron lo que debíamos hacer y cómo nos debíamos sentir. De hecho, es posible que a muchos de nosotros hasta nos hayan enseñado a negar nuestros verdaderos sentimientos. Escuchamos frases como "No lo dices de verdad"; "Olvídalo, no es gran cosa" o "No tienes por qué sentirte así. Cambia de actitud y pórtate bien". Es probable que nuestros padres nos hayan dicho este tipo de cosas y que nos encontremos diciendo lo mismo a nuestros hijos.

> "Todos los días de nuestra vida, hacemos depósitos en los bancos de memoria de nuestros hijos".
>
> *– Charles Swindoll*

Pero ser padres con empatía significa resistir el impulso de hacer las cosas como siempre se han hecho. Debemos ir un paso más allá e intentar, tanto como sea posible, ver y sentir el mundo como nuestros hijos. Sólo entonces podremos comenzar a ayudarlos a entender el mundo, lo cual es nuestra responsabilidad como padres.

Criar a un niño muy pequeño puede poner a prueba nuestra capacidad de mostrar empatía. A veces, debemos hacer un gran esfuerzo para recordar cómo era ser niño. Es fácil olvidar lo complicado que es comunicarse cuando no conoces las palabras que necesitas, lo difícil que es comer sin ensuciarse y lo confuso que es querer explorar y que la gente te diga continuamente *"¡No!"*.

Para los niños pequeños, la vida es un descubrimiento constante, y usted debe ser comprensivo para no desalentar su entusiasmo por aprender. También debe intentar comprender sus frustraciones y temores.

Téngalo en cuenta la próxima vez que se frustre con su hijo pequeño o en edad preescolar. Use la empatía y analice la situación desde la perspectiva de su hijo. Piense en las expectativas que tiene y si él o ella tiene la capacidad de cumplirlas. ¿Qué necesita saber su hijo para manejar mejor la situación? En breve: deténgase, piense y, luego, enseñe.

Elogios

El elogio es reconfortante. Ayuda a los niños a crecer en el plano emocional, tal como la comida los ayuda a crecer en el plano físico. Es importante elogiar los buenos comportamientos de sus hijos e, incluso, los esfuerzos frustrados de comportarse bien.

En Boys Town, creemos que los elogios son una parte tan importante de la crianza que hemos desarrollado un tipo de enseñanza llamada *Elogios Eficaces*. Los *Elogios Eficaces* son una forma de elogio intencional. En el capítulo 7, trataremos los *Elogios Eficaces* con mayor profundidad y hablaremos de los diferentes tipos de elogios que puede usar para reforzar los comportamientos de sus hijos. Por ahora, veamos algunas pautas generales para utilizar elogios:

* **Elogie el comportamiento del niño de una manera que él o ella que pueda comprender.** Evite usar frases generales. Diga específicamente qué comportamiento quiere que el pequeño repita. Por ejemplo, diga "*Has estado muy bien al lavarte las manos, Sofía. Usaste jabón e hiciste mucha espuma. ¡Tus manos están muy limpias ahora!*".
* **Sea breve.** El exceso de elogios suena falso, incluso para los niños pequeños. Simplemente enuncie el comportamiento con palabras comprensibles, específicas y apropiadas para la edad.
* **¡Demuestre entusiasmo!** El elogio debe transmitirse con cierta emoción. Debe sentirse bien de que su hijo haya satisfecho sus expectativas. ¡Demuéstrelo!
* **Elogie de inmediato (o tan pronto como pueda).** Si el elogio llega mucho después del comportamiento pierde su capacidad de aumentar la probabilidad de que un niño repita el comportamiento positivo. La inmediatez es de especial importancia en los niños pequeños, dado que en su mundo impera el presente. No recordarán lo que hicieron si les dice que se comportaron bien el día anterior.
* **No debilite el elogio con referencias a conductas inapropiadas pasadas.** Por ejemplo, evite decir cosas como "*Recogiste tus juguetes. ¡Eso es maravilloso! ¿Por qué no lo haces siempre? Ayer tuve que pedirte tres veces que recogieras tus juguetes*".

En Resumen

Todas las conductas reconfortantes de las que hemos hablado pueden ayudar a su hijo a crecer y desarrollarse. Estos comportamientos cultivan las mentes jóvenes y comienzan a enseñarles a manejar el mundo fascinante y nuevo que se abre a su alrededor. Pero lo más importante es que al criar a su hijo se estrechan sus vínculos, él sabe que usted lo ama y se interesa por él, y se fortalece la relación que es esencial para que su enseñanza sea eficaz.

Preguntas Frecuentes sobre

La Crianza Reconfortante y los Juegos

P **"¿Cuál es la mejor forma de jugar con mi hijo?"**

R Siga a su hijo al jugar. Déjelo elegir con qué jugar y no dé demasiadas órdenes ni instrucciones. Elogie el buen comportamiento y establezca consecuencias positivas por cooperar o compartir. Habrá momentos en que deba corregirlo, así que guíelo en la dirección correcta con delicadeza, pero también con firmeza. En ocasiones también podrá hacer una pausa o ignorar su comportamiento hasta que vuelva a jugar de manera apropiada. Y cuando juegue bien, disfrútelo.

P **"¿Por qué es más importante la cantidad de tiempo que la calidad?"**

R La respuesta es simple: criar hijos lleva tiempo. Para ser padres eficientes, necesitamos aprovechar todo el tiempo del que disponemos con nuestros hijos. No podemos ser padres sólo cuando tenemos ganas. Debemos tener una buena relación con nuestros hijos, y desarrollar y cultivar relaciones lleva tiempo. Con todas las demás responsabilidades que tiene, habrá momentos en los que sentirá la tentación de relegar la crianza de sus hijos a un segundo plano. No permita que eso ocurra. Utilice todas las técnicas que aprenda en *La Crianza Práctica de los*

Hijos para nutrir los buenos momentos y disminuir los malos. Tendrá que hacer algunos sacrificios en su propia vida, pero criar niños felices y responsables debería ser una justa recompensa.

P **"¿Qué puede aprender mi hijo durante el juego?"**

R Muchas destrezas sociales se pueden aprender al jugar. Los niños pueden aprender a compartir, a cooperar con otros, a ser creativos y estar bien dispuestos. Se pueden practicar algunas destrezas sociales por medio de los juegos. Por ejemplo, los niños pueden aprender a seguir instrucciones tipo "Simón dice", aceptar un "no" como respuesta y pedir permiso con "¿Puedo, mamá?", o aceptar las consecuencias con "Pato ñato" o el juego de las sillas. El juego puede ser un tiempo valioso de aprendizaje.

P **"¿Está bien que mi hijo varón juegue con muñecas?"**

R No es inusual que los niños y niñas pequeños quieran jugar con todo tipo de juguetes. No tiene nada de malo. De hecho, los padres deberían ofrecer una amplia gama de juguetes y fomentar una variedad de actividades para que su hijo esté bien preparado socialmente. Los padres son quienes asocian los juguetes a un sexo o al otro. Los niños no piensan de esa manera: para ellos son sólo juguetes.

4

La Imagen y la Palabra
Su Rol de Maestro

Como padres, somos los primeros maestros de nuestros hijos. Depende de nosotros enseñarles las destrezas que necesitan para desempeñarse no sólo en nuestras familias sino también en la sociedad. Convertirnos en un buen maestro para los niños es un trabajo de tiempo completo porque somos responsables de enseñarles todo, desde buenos modales y ética hasta cómo hacer huevos revueltos. Esa responsabilidad puede parecer abrumadora, pero considere la maravillosa oportunidad que se presenta: cada vez que estamos con nuestros hijos, tenemos la oportunidad de enseñarles algo.

Cuando hablamos acerca de ser padres, nos referimos indefectiblemente al tiempo que hay que invertir en la crianza. Hay que pasar tiempo con los hijos para ser buenos padres.

Cuando piense en el tiempo que pasa con sus hijos, es probable que lo primero que venga a su mente sean los buenos momentos que comparten, como algunas salidas en familia o una fiesta de cumpleaños especial. Pero a veces, por ejemplo, cuando los niños se comportan mal, deberá dedicar tiempo a impartirles disciplina, lo que resulta difícil para muchos padres. Con frecuencia recuerdan cómo los disciplinaban a ellos cuando eran pequeños y, para muchos, eso podría significar azotes o algún otro tipo de castigo.

> "Los buenos padres recuerdan cómo era ser niño".
>
> *– Anna Quindlen*

Pero en realidad disciplinar debería tratarse más de enseñar que de castigar. Disciplinamos a nuestros hijos para que aprendan a convivir con los demás y hacer lo correcto. Si comienza a pensar en la disciplina como una manera de impartir enseñanza a sus hijos, las situaciones en las que recurra a la disciplina se convertirán en oportunidades para aprovechar mejor el tiempo que pasan juntos, en lugar de convertirse en obstáculos para su relación.

Considere estas ideas la próxima vez que deba corregir el comportamiento de su hijo. En lugar de concentrarse sólo en lo que hizo mal, aproveche la oportunidad para enseñarle a hacer una mejor elección la próxima vez.

Por ejemplo, si su hijo pide dulces lloriqueando en la tienda de comestibles, enséñele a pedir con amabilidad y aceptar *"no"* si esa fuera la respuesta. Recuerde que si no *enseña* a su hijo qué es lo correcto, no puede esperar que él *haga* lo correcto.

Es fácil recordar esta idea de disciplina positiva si tiene en cuenta estos cuatro conceptos:

A: **Aliente** *a sus hijos con lo que hace y dice.*

E: **Enséñeles** *con claridad sobre todas las áreas de sus vidas.*

I: **Instrúyalos** *sobre lo que hacen y cómo lo hacen.*

O: **Obsérvelos** *en los fracasos tanto como en los éxitos.*

Puede recordarlos fácilmente (Alentar, Enseñar, Instruir y Observar) si piensa en las cuatro primeras vocales: **AEIO.** Ser un buen padre significa tomarse el tiempo para aplicar estos **cuatro conceptos** con sus hijos.

Disciplina Positiva = AEIO

Tenga en cuenta que hablar de la disciplina como un tipo de enseñanza no es lo mismo que decir que los niños no deban enfrentar las consecuencias derivadas de sus comportamientos inapropiados. Eso también forma parte del aprendizaje. Más adelante analizaremos las consecuencias y cómo usarlas con eficacia.

En la siguiente sección hablaremos de otro elemento esencial de la buena crianza: la comunicación.

Comunicación Clara

Al igual que el amor, la comunicación une a las familias. Cuando nos comunicamos con claridad y eficacia, fortalecemos las relaciones familiares, aliviamos mutuamente nuestras frustraciones y creamos un espacio en el cual todos se sienten necesitados y exitosos.

Pero muchas veces, cuando pensamos en la comunicación con nuestros hijos, consideramos cosas como decirles que recojan la ropa, que guarden los juguetes o que dejen de saltar sobre el sofá.

A veces olvidamos las cosas simples, como preguntarles cómo están, abrazarlos cuando se despiertan o aplicar los comportamientos de crianza que hemos comentado antes.

A continuación incluimos algunas ideas que lo ayudarán a comunicarse mejor con sus hijos pequeños.

Observe y escuche

Dado que los niños pequeños no poseen un vocabulario extenso ni las destrezas verbales para decirnos lo que piensan y sienten, tenemos que emplear varias técnicas para entender lo que quieren que sepamos y comunicarnos con ellos.

Observe las expresiones faciales y el lenguaje corporal que utilizan para comunicarse. Usted conoce la mueca que hace su hijo cuando le da de comer algo que no le gusta. Y cuando su hija señala el refrigerador, usted sabe que quiere jugo. Ellos utilizarán diversos modos de comunicación no verbales. Asegúrese de usar usted también expresiones faciales y lenguaje corporal. Sonría, asienta con la cabeza, señale objetos y nómbrelos para que su hijo comience a comprender cómo se llaman las cosas.

Esté atento a los primeros intentos de hablar y usar palabras, y aliéntelos. Si su hija apunta a una pelota y dice *"pota"*, puede decirle: *"Sí, es una pelota. ¡Muy bien!"*

También puede alentar el desarrollo del habla al escucharlos. Muestre entusiasmo ante el balbuceo y respóndale como si comprendiera todo lo que dice. No los interrumpa. Déjelos contar su historia. Haga preguntas para que le cuenten más. Nunca está de más repetir lo importante que es escuchar. Demuestra cariño, interés y calidez.

Elija el momento adecuado para comunicarse

Usted puede y debería hablar con su hijo en cualquier momento. Pero el mejor momento para comunicarse es cuando tiene tiempo suficiente para concentrarse en lo que quiere decir. No intente tener una conversación importante con su hijo a la mañana si está por llegar tarde al trabajo. Elija otra ocasión. Además, recuerde que no habrá una comunicación eficaz si usted o su hijo están enojados o molestos: las mejores interacciones se producen cuando todos están tranquilos.

Use el nombre o el apodo de su hijo

Puede no parecer importante pero, a menudo, usar el nombre de su hijo hace que la conversación sea más personal y valiosa. Algunos padres parecen reservar el nombre de sus hijos sólo para corregirlos. Es mucho mejor usarlo con frecuencia para que desarrollen un sentido de identidad. También puede usar palabras cariñosas, como "corazón" o "tesoro", o un apodo simpático cuando hable con su hijo. Son maneras agradables de reconfortarlo.

Hable cara a cara

Las personas se comunican mejor cuando se pueden mirar a los ojos. Cuando hable con su hijo, asegúrese de tener conversaciones cara a cara. Evite conversar desde un extremo de la habitación al otro o cuando están en habitaciones diferentes ya que, por lo general, terminará gritando. Una excepción es cuando conduce y su hijo está en una silla para niños o en el asiento trasero con el cinturón de seguridad abrochado. Puede igualmente hablarle pero, por cuestiones de seguridad, no podrá hacerlo cara a cara.

> Los niños pequeños pasan entre el 12 % y el 17 % de sus horas de vigilia simplemente mirando. A los tres años, ese tiempo se reduce a menos de la mitad.[1]

Elimine las distracciones

Si tiene algo realmente importante para hablar con su hijo, hágalo en un lugar donde no los molesten. Apague el teléfono o la televisión, o elimine cualquier otra distracción que pudiera interferir, y luego hable. Lo mismo se aplica cuando su hijo quiere hablar con usted: haga a un lado el periódico o deje de hacer momentáneamente lo que esté haciendo para escucharlo con atención.

Póngase a la altura de su hijo

Imagine hablar con alguien que mida el triple que usted. Sin dudas sería atemorizante. No ponga esa clase de distancia entre ustedes. Cuando desee comunicarse, siéntese en el piso con él, o en sillas enfrentadas o acomódense juntos en el sofá.

De esta manera, creará el marco ideal para que la comunicación tenga lugar. Pero también hay formas de ayudar a su hijo a escuchar lo que le dice, en especial cuando intenta enseñarle algo o disciplinarlo. Estos son algunos consejos:

Use palabras simples

Emplee palabras descriptivas, que no sean complicadas y que su hijo pueda comprender. Además, evite las que podrían ser sentenciosas (como llamarlo "mocoso").

Frase imprecisa:	*"¡Estás haciendo un berrinche!"*
Frase específica:	*"Estás gritando y pataleando".*

Sea breve

Utilice instrucciones breves para explicar o redirigir el comportamiento de su hijo.

Instrucción extensa:	*"¿Qué crees que estás haciendo? ¡Estás en graves problemas! Si no te detienes ya mismo, ¡te voy a castigar por el resto del año!".*
Instrucción breve:	*"Deja de saltar en el sofá. Tiempo Quieto por haber saltado en el sofá".*

Sea consciente de sus acciones físicas

La forma en que dice algo a un niño puede ser aún más importante que lo que dice. Por ejemplo, adopte una actitud firme y natural cuando corrija malos comportamientos, pero sea vivaz y entusiasta cuando transmita aprobación o esté divirtiéndose con su hijo.

Lo que no debe hacer: *No señale con el dedo ni se coloque por encima de la altura de su hijo.*

Lo que debe hacer: *Póngase a la altura del niño, relaje el cuerpo y evite levantar la voz o la mano.*

No se desvíe del tema

Cuando su hijo quiera discutir, no responda. Mantenga la conversación centrada en el tema inicial.

Desviarse del tema: *"No, no soy malo. No digas 'te odio'. Me pone triste".*

Mantenerse en el tema: *"Julia, deja de hablar y escúchame".*

Evite los ciclos de discusión

Interrumpa en forma abrupta las peleas o disputas: para ello, aléjese o tómese tiempo para calmarse. Hablen después cuando ambos estén calmados.

Con tono de discusión: *"Estoy harto de que siempre te estés quejando. Si sólo escucharas...".*

Con calma: *"Estás enojado, y mamá también. Respiremos profundo para sentirnos mejor. Luego podremos hablar".*

Reformule los enunciados negativos

Sirva como modelo para mostrar a su hijo cómo quiere que diga algo de manera positiva.

Forma negativa: *"¡Insultar no está nada bien!"*

Forma positiva: *"Sé que estás molesto. Sólo di: 'Estoy furioso'".*

Demuestre afecto y empatía

Use un contacto físico apropiado, sonrisas, guiños o frases comprensivas para reducir los comportamientos problemáticos y alentar avances hacia una buena conducta.

Tono sarcástico: *"¿Por qué no puedes comportarte como un niño de tu edad?"*

Con empatía: *"Entiendo que es difícil, pero sé que puedes hacerlo".* (sonrisa)

Antes de cerrar el tema de la comunicación, hablemos brevemente acerca de cómo los niños desarrollan destrezas comunicativas y lingüísticas.

Como vimos en el primer capítulo, las destrezas lingüísticas de los niños siguen un patrón de desarrollo, bastante similar a lo que ocurre con sus destrezas físicas y cognitivas. El lenguaje se desarrolla en forma gradual: comienza con gorgoritos y balbuceos cuando los niños tienen apenas meses. Cuando llegan a los cinco años, la mayoría de los niños puede entender alrededor del 90 % de las palabras que usan los adultos.

Esto significa que los padres no pueden depender sólo de palabras para comunicarse con sus hijos cuando son muy pequeños. Para mejorar la comunicación, algunos investigadores del lenguaje recomiendan usar más gestos y marcar más los tonos de voz y las expresiones faciales con los niños pequeños. Además, recomiendan que demuestre los comportamientos que desea que tenga su hijo.

> "El corazón de la madre es el aula del niño".
>
> *– Henry Ward Beecher*

Por ejemplo, en el caso de un niño pequeño, podría señalar la puerta y decir: *"¡Vamos afuera a jugar!"*, o podría usar las manos para hacer como si abriera un libro y decir con entusiasmo: *"Leamos un cuento"*. Con un niño mayor, podría decir: *"Esto es lo que deberías decir cuando quieres algo",* y luego decir exactamente lo que quiere que diga su hijo.

Claves para una Comunicación Clara

A continuación incluimos algunos puntos clave que debe recordar cuando quiera comunicarse con claridad:

* **Sea un buen ejemplo.** Los niños son excelentes imitadores del comportamiento de los adultos. Asegúrese de dar a los niños muchos buenos ejemplos para seguir.

* **Sea breve y específico.** La atención de sus hijos tiene poca duración: asegúrese de que su mensaje sea lo más breve posible.

* **Sea coherente.** Mostrar y mencionar el comportamiento de forma coherente puede ayudar a que los niños hagan cambios positivos más rápido.

* **Dígale lo que *debe hacer*.** Concéntrense en lo positivo. Diga a sus hijos lo que han hecho bien o lo que quiere que hagan bien. En ocasiones, también deberá explicar lo que han hecho de manera incorrecta, pero la atención siempre debe estar dirigida a mejorar.

* **Haga lo que dice y diga lo que piensa.** Evite hacer amenazas en vano o dar advertencias. Incluso los niños pequeños saben cuando sus padres hacen lo que dicen. Actuar de forma consecuente con lo que dice puede ayudar a que los niños aprendan a no desafiar los límites.

Descripción de Comportamientos: la Imagen y la Palabra

El primer paso para lograr una mejor comunicación con sus hijos es aprender a describirles su comportamiento: de ese modo, podrá elogiar las cosas maravillosas que hagan y comenzar a corregir las no tan maravillosas.

Los comportamientos son todo aquello que nuestros hijos dicen o hacen y que puede ser visto u oído. Nuestro deber como padres es prestar más atención a esos comportamientos y luego aplicar un proceso que llamamos *"La Imagen y la Palabra"* para enseñarles a los niños las destrezas que queremos que aprendan.

La Imagen y la Palabra suena a nombre de juego para niños pero en realidad es un método muy serio para mejorar su comportamiento mediante el uso de destrezas cotidianas. Con esta herramienta se **usan palabras simples y concisas para describirle un comportamiento** al niño, de manera que sepa si es correcto o incorrecto. En esencia, usted hace de espejo para que él pueda reconocer si su comportamiento es aceptable.

Pongamos un ejemplo: su hija de dos años arroja al suelo un vaso desechable vacío en el parque. Usted recoge el vaso, la mira y dice: *"No, Emilia. El vaso va a la basura, no al suelo.* (Camine con la niña hasta el recipiente para la basura y déjela arrojar el vaso.) *¡Muy bien! Arroja el vaso en la basura cuando hayas terminado".*

Con este diálogo simple, que recurre a la repetición para transmitir el mensaje deseado, usted muestra en forma visual y oral cuál es el comportamiento apropiado.

La clave para usar *La Imagen y la Palabra* con eficacia es ser muy preciso al describir las conductas. Una buena manera de comenzar la descripción es decir *"Acabas de..."* o *"Te oí decir..."*. De esa manera, su hijo relacionará sus acciones con lo que está diciendo.

A continuación, incluimos algunos ejemplos de *La Imagen y la Palabra*:

"Recién empujaste a tu hermano y lo llamaste bebé".

"Gracias por haber guardado los juguetes en la caja".

"Cuando te di el dulce, dijiste 'Gracias'".

"Quiero que cruces la habitación sin correr".

"Di 'De acuerdo' cuando yo diga que no. ¡Genial! Dijiste 'de acuerdo'".

Recuerde que *La Imagen y la Palabra* es una herramienta para enseñar nuevas destrezas, elogiar comportamientos o ayudar a frenar conductas mientras son leves: es decir, antes de que se intensifiquen. Mire lo que hace su hijo y pregúntese qué comportamiento está impidiendo que haga lo que usted desea. Luego, describa esa conducta inapropiada.

Por ejemplo, si su hijo está jugando con sus bloques en lugar de recogerlos como se lo pidió, diga: *"Jaime, todavía estás jugando con tus bloques. Por favor, deja de jugar y ponlos en la caja".*

A menudo, los niños corrigen su comportamiento cuando usted usa La Imagen y la Palabra para describir lo que están haciendo mal. Pero a veces desafían los límites que usted establece y continúan comportándose de manera inapropiada. Cuando esto ocurre, debe decirles que habrá una consecuencia por haber continuado comportándose de manera inapropiada. (En el próximo capítulo, hablaremos de las consecuencias y cómo emplearlas en la enseñanza.)

Recuerde que cuanto más específico sea al describir el comportamiento de su hijo, mejor. Todos les decimos a nuestros hijos *"Pórtate bien"* o *"Ya eres grande"*, pero muchas veces ellos no saben qué queremos decir. Es más eficaz decirles con exactitud lo que queremos. Si "portarse bien" significa no pedir dulces en la tienda, entonces, comuníquele eso. Si "ser grande" significa pedir las cosas sólo una vez y decir *"De acuerdo"*, dígale eso.

> A los 19 meses, los niños pequeños comienzan a darse cuenta cuando las cosas no se ajustan a las ideas de los adultos. Se ríen de lo que está evidentemente mal, como llamar gato a un perro.

También es posible que deba representar ciertos comportamientos para mostrar a sus hijos de forma visual y oral lo que necesitan saber. Conocemos a un padre que le pidió varias veces a su hijo que dejara de lloriquear hasta que el niño dijo: *"Papá, no sé qué es lloriquear"*. El padre actuó de manera correcta y le demostró al niño cómo se veía y el sonido que hacía cuando lloriqueaba, con lo cual le dio una idea más acabada del comportamiento inapropiado que debía dejar de tener.

La Imagen y la Palabra da resultado porque ayuda a describir en forma específica lo que está haciendo el niño, en lugar de dirigir la atención a cómo reacciona usted a esa conducta. Es un nivelador excelente para algunas de las situaciones de la crianza con mucha carga emotiva en las que a veces nos encontramos.

Esta herramienta también ayuda a evitar que grite o levante la voz para que sus hijos lo escuchen. Todos sabemos que gritar y hablar más fuerte puede dar resultado la primera vez pero, si lo usa de manera reiterada, sus hijos se condicionan y dejan de responder. Eso lo obliga a gritar más fuerte, lo cual no resuelve el problema.

El uso de La Imagen y la Palabra para describir comportamientos le permite comunicarse en forma clara y tranquila con sus hijos. También mejora su capacidad para ser coherente y agradable, y lo ayuda a desarrollar un estilo de crianza más eficaz.

En Resumen

Instruir a nuestros niños es una parte fundamental de la crianza. En esta sección, repasamos varias destrezas que podemos usar para enseñar:

Comunicación: cómo hablamos con nuestros hijos y escuchamos lo que tienen que decir es una destreza fundamental. Debemos recordar conceptos tales como hablar cara a cara, eliminar las distracciones y ponernos a la misma altura que nuestros hijos. También debemos elegir palabras simples para comunicarnos bien, y recordar ser conscientes de nuestras acciones físicas y gestos cuando nos comunicamos con ellos. Además, debemos tener presentes sus niveles de desarrollo: algunos niños muy pequeños comprenden mejor cuando los adultos usan gestos y expresiones faciales más marcadas.

La Imagen y la Palabra: cuando les indica mediante la imagen y la palabra los comportamientos que deberían tener, los ayuda a comprender qué destrezases necesitan para desenvolverse en el mundo. Recuerde ser muy específico al describir y demostrar conductas a sus hijos.

No olvide los cuatro conceptos de la disciplina positiva: **AEIO** (Alentar, Enseñar, Instruir y Observar). Pasar tiempo con sus hijos aplicando estos conceptos y ayudándolos a aprender las destrezas que necesitan es la clave para una crianza exitosa.

[1] White, B. L. (1995). *The first three years of life (Los primeros tres años de vida).* Nueva York: Simon and Schuster.

Preguntas Frecuentes sobre
Comunicación Clara

P **"Le pido una y otra vez a mi hijo que haga algo y nunca lo hace. ¿Cómo me va a ayudar la comunicación clara?"**

R La comunicación clara lo ayudará a evitar distracciones, ciclos de discusión y luchas de poder con su hijo. Describa el comportamiento que lo ve u oye teniendo. Si él lo ignora y continúa jugando, descríbale el comportamiento. ("Me estás ignorando: por favor, deja de jugar y escúchame".)Cuando tenga su atención, con calma pero con firmeza dele una instrucción clara de lo que quiere que haga.("Recoge tus juguetes. Es hora de cenar".)

P **"¿Puede mi hija de cuatro años entender realmente todo lo que le digo?"**

R Los niños pequeños son capaces de comprender muchos conceptos. Sin embargo, lo que mejor entienden son las palabras y frases simples y concretas. Por lo tanto, es importante mostrarle lo que usted desea y también usar palabras para describirlo. La comprensión proviene de comportarse de cierta manera con frecuencia y ver los resultados de dicha conducta. Eso lleva tiempo, y la comprensión de un niño se desarrolla en forma gradual. Los padres deben ser constantes en el uso de *La Imagen y la Palabra* y dar a los niños razones por las cuales se deben comportar de determinada manera.

P **"Tengo cinco hijos. ¿Debo hablar con ellos juntos o separado cuando intento corregirlos?"**

R En realidad depende de lo cómodo que se sienta hablando con ellos en grupo y cuánto lo escuchan cuando están juntos. Si la situación se complica cuando intenta hablar con ellos juntos, hábleles de a uno. Puede ir avanzando de a poco hasta poder hablarles en grupo. Establecer consecuencias por adelantado (consulte el Capítulo 5) le permitirá contar con un método sistemático para abordar a sus hijos cuando se porten mal en el mismo momento. De esa manera, sabrán lo que ocurrirá si continúan teniendo un comportamiento inapropiado.

P **"Mi hijo se distrae con facilidad y le cuesta mucho quedarse quieto para recibir instrucciones. ¿Qué debo hacer?"**

R Antes de empezar a hablar, elimine las distracciones y asegúrese de contar con la atención de su hijo. Póngase a la altura de sus ojos y use palabras que comprenda. Dado que tiene dificultades para quedarse quieto, diga lo que tenga que decir de forma simple y breve.

P **"Mi hijo no toma en serio nada de lo que digo. ¿Qué debo hacer?"**

R Hágale saber cuándo está hablando en serio y cuándo en broma. Los niños pequeños no siempre notan la diferencia. Cuando hable en serio, exprésese con sinceridad y diga lo que piensa. Los niños pequeños respetan más las acciones que las palabras. Asegúrese de ser consecuente con lo que le diga. Procure que su tono de voz, sus expresiones faciales y su lenguaje corporal transmitan a su hijo el mensaje correcto.

5

Causa y Efecto

Uso de las Consecuencias para Cambiar Comportamientos

Los padres eficientes aplican consecuencias para cambiar los comportamientos de sus hijos. **Las consecuencias se pueden definir como acontecimientos que siguen a un cierta conducta y que afectan la posibilidad de que se repita.** Se pueden producir de manera natural o se pueden "aplicar". Un ejemplo de consecuencia natural es cuando uno sufre quemaduras por estar demasiado tiempo al sol. Un ejemplo de consecuencia aplicada es corregir de alguna forma a su hijo cuando se porta mal.

Hay dos tipos de consecuencias: positivas y negativas. Las consecuencias positivas, tales como pasar tiempo con su hijo, leer juntos o jugar, tienden a *intensificar* los comportamientos que las causan. Además, son cosas que los niños quieren y por lo general están dispuestos a hacer lo que se espera de ellos para conseguirlas.

Las consecuencias negativas tienden a *disminuir* los comportamientos que las suscitan. Ejemplos de consecuencias negativas pueden ser el Tiempo Quieto y la pérdida de privilegios. Por lo general, los niños están dispuestos a hacer lo que se espera de ellos para evitarlas.

Cuando nuestra enseñanza incluye la aplicación de consecuencias, ayudamos a nuestros hijos a que aprendan lo que ocurre como resultado de sus conductas.

Uso de Consecuencias

Las consecuencias son más eficaces y significativas para sus hijos cuando cumplen con los siguientes requisitos:

Las consecuencias deben ser importantes para el niño

Cada día nos enseñan lo que es importante para ellos. Por ejemplo, si un niño pide que le lean el mismo cuento todos los días, usted sabe que la lectura de ese cuento es importante para él. Entonces, puede usar con eficacia el libro de cuentos como consecuencia. Preste mucha atención a lo que le gusta y no le gusta a su hijo, porque sus gustos cambian a medida que crece.

Las consecuencias deben ser inmediatas

Las que se producen inmediatamente después de un comportamiento son las más eficaces. Quitar de inmediato un camión de juguete por el que dos hermanos están peleando es una consecuencia más eficaz que amenazarlos con quitárselo y después no hacerlo.

Las consecuencias deben tener la dimensión apropiada

La dimensión de la consecuencia debe corresponder a la dimensión del comportamiento del niño. Una buena regla práctica es comenzar con la consecuencia más leve que crea que cambiará la conducta. Por ejemplo, si su hijo limpia su cuarto, podría ganarse un bocadillo dulce especial, como un pastelillo. Pero no podrá comer ocho pastelillos por limpiar su cuarto.

Las consecuencias deben relacionarse con el comportamiento del niño

Si recurre a este tipo de consecuencias, los niños aprenden que sus comportamientos afectan lo que les sucede en el futuro. Deben estar vinculadas a lo que las causó. Por ejemplo, si dos niños están discutiendo por un juguete, puede quitárselos y hacerles saber que se los devolverá cuando puedan jugar juntos en buenos términos.

> "Los padres que temen ponerse firmes suelen tener niños que les pasan por encima".
>
> *– Proverbio chino*

Las consecuencias deben ser acordes al nivel de desarrollo del niño

Asegúrese de elegir una consecuencia que su hijo pueda comprender. Por ejemplo, un niño de dos años no comprenderá un Tiempo Quieto demasiado prolongado.

Categorías de Consecuencias

Usar las mismas consecuencias una y otra vez con niños pequeños puede tornarlas ineficaces con el tiempo. Es aconsejable variarlas, pero seguir siendo constante en su uso como respuesta a comportamientos positivos y negativos. A continuación incluimos algunas de las categorías de consecuencias disponibles para usted como padre o madre. Recuerde recurrir a la consecuencia necesaria más leve para cambiar una conducta.

Categorías de Consecuencias Positivas

Actividades: cosas divertidas que a los niños les gusta hacer, como mirar un DVD, ayudar a hornear galletas, correr bajo el rociador de agua, participar en juegos de mesa, que les lean cuentos, etc.

Pertenencias: los objetos que poseen los niños son muy importantes para ellos. Un juguete especial, una bicicleta o una prenda de vestir podrían convertirse en motivadores para alentar comportamientos positivos.

Comidas o Bocadillos Especiales: son esos “alimentos divertidos” que a todos nos gusta saborear entre comidas. Puede ser una fruta, nueces o almendras, galletas, un helado, chocolate, alguna verdura, un bocadillo salado, etc. Otra manera de emplear los alimentos como consecuencias es permitir al niño elegir lo que quiere cenar (dentro de lo razonable, por supuesto) o permitirle participar en la preparación de la comida para la familia, elegir en la tienda el cereal para desayunar la semana siguiente, etc.

Gente y Atención: a los niños les encanta pasar tiempo con la gente que los aprecia. Pasar tiempo a solas con un niño, aunque sean unos minutos, puede marcar una gran diferencia en su comportamiento. Abrácelo, sonríale, dele palmaditas en la espalda y choque los cinco. Los cuadros de méritos y las calcomanías son otro recurso para brindar atención positiva a los niños por su buen comportamiento.

> "Puedes aprender muchas cosas de tus hijos. Como cuánta paciencia tienes, por ejemplo".
>
> — *Franklin P. Jones*

Sin importar cuánto lo digamos, nunca está de más recordar la importancia de brindar atención a los hijos. No es necesario hacer planes ni actividades elaborados para pasar tiempo juntos. Tampoco es necesario gastar dinero. Conocemos a una mujer que recuerda gratamente haber ido al aeropuerto con su padre a mirar los aviones despegar y aterrizar. Pueden recostarse, mirar las nubes y tratar de ver qué figuras encuentran. O sentarse en el porche a colorear durante una tarde lluviosa. Pueden visitar una biblioteca pública y leer juntos. Hay estudios que demuestran que los niños llegan a tener literalmente cientos de juguetes durante su infancia, pero ninguno significa tanto como pasar tiempo con los padres.

Categorías de Consecuencias Negativas

Rehacer y Practicar: haga que su hijo repita una acción o una frase de manera apropiada que acaba de hacer incorrectamente. Por ejemplo, si su hija está corriendo por la casa, hágala que pase caminando otra vez por la habitación que ha atravesado corriendo. Puede llamar a la repetición "práctica" y decir algo como *"Ahora practiquemos cómo caminar correctamente por la casa"*.

Redirigir: guíe físicamente a su hijo pequeño con delicadeza o dele una instrucción verbal para cambiar su punto de interés. En otras palabras, el padre o la madre redirige al niño hacia un comportamiento apropiado y lo aleja del inapropiado. Si su hija estaba jugando con sus CDs, la redirigirá a su caja de juguetes, donde ambos podrán buscar un juguete para jugar.

Desahacer: hacer que su hijo corrija algún comportamiento incorrecto. Un buen ejemplo es cuando un niño colorea la pared. Hacer que su hijo lo ayude a limpiar la pared es una manera de "desahacer" el mal comportamiento.

Tiempo Quieto: apartar al niño de aquello que lo divierte por un período corto de tiempo. Es una herramienta disciplinaria muy eficaz, ya que los niños no pueden participar ni recibir atención ni estímulos durante la duración del Tiempo Quieto. (Para más información acerca del Tiempo Quieto, consulte el Capítulo 10.)

Quitar una pertenencia o suspender una actividad: puede quitarle un objeto y ponerlo en Tiempo Quieto durante un corto período de tiempo, o impedirle participar en una actividad que el niño tenga ganas de hacer. Un ejemplo de quitar un objeto sería quitarles un juguete a dos niños que están peleando por él y colocarlo (al juguete) en Tiempo Quieto durante varios minutos. Un ejemplo de suspender una actividad sería retirarle a un niño el permiso de ir al parque después de que haberse comportado mal.

Ignorar: otra manera de lidiar con los comportamientos negativos es simplemente ignorarlos. Pero emplee esta herramienta sólo si es seguro dejar que la conducta continúe hasta que el niño se detenga. Apenas él haga algún intento de comportarse mejor, dirija rápidamente la atención hacia el comportamiento positivo con elogios.

Usemos Todo lo Que Aprendimos

A continuación, presentamos una fórmula de fácil aplicación para cuando emplee consecuencias con sus hijos.

1. ¿El comportamiento de su hijo fue positivo o negativo?
2. Si fue positivo, el niño tendrá una consecuencia positiva. Por el contrario, si fue negativo, tendrá una consecuencia negativa.
3. Determine cómo vincular el comportamiento y la consecuencia, de modo que el niño pueda aprender de la experiencia. Por ejemplo, si el comportamiento del niño estaba relacionado con no seguir instrucciones, elija una consecuencia que exija obe-

decer un conjunto de instrucciones. O si estaba relacionado con reñir con su hermana, elija una consecuencia en la que deba cooperar con ella.

4. Elija una categoría de consecuencias **positivas** que motive a su hijo. Una actividad divertida, como ayudar a hornear galletas, podría ser una consecuencia positiva para un determinado niño, pero otro podría preferir la lectura de un cuento.

5. Elija una categoría de consecuencias **negativas** que sean significativas para su hijo. Quizá quiera recurrir al redireccionamiento para alejar a un niño pequeño de un comportamiento negativo, pero puede elegir el Tiempo Quieto como consecuencia negativa para un niño más grande. Como usted conoce la personalidad del niño, podrá elegir la categoría que más lo motive.

Sugerencias Útiles

Cuando aplique una consecuencia, recuerde lo siguiente:

Sea claro

Asegúrese de que su hijo conozca cuál es la consecuencia y qué hizo para merecerla.

Aplique la consecuencia

Si su hijo hace algo para merecer una consecuencia positiva, asegúrese de aplicarla. Asimismo, si quiere aplicar una consecuencia negativa, no permita que su hijo lo convenza de no hacerlo. Si siente más tarde que la consecuencia no era razonable o que la aplicó a causa de ajústela de manera acorde.

Los niños de dos años son incapaces de comprender el concepto de accidente. No importa cómo trate de explicarlo, el niño verá la situación como algo hecho a propósito.

Use consecuencias variadas

Si usa la misma consecuencia todo el tiempo, irá perdiendo eficacia. Intente usar consecuencias variadas y vincúlelas con el comportamiento que esté intentando reforzar o reducir.

No dé sermones

Lo bueno, si breve, dos veces bueno. Los niños pequeños tienen períodos de atención cortos: dejarán de escuchar o no comprenderán lo que dice si se extiende demasiado.

Evite las advertencias

Advertir significa que sólo está amenazando con aplicar consecuencias. Por ejemplo, si les dice a sus hijos: *"La próxima vez que discutan, los dos irán a Tiempo Quieto"*, les está diciendo lo que hará la **próxima vez** que discutan. Cuando advierte o amenaza con aplicar consecuencias, usted y las consecuencias pierden eficacia. En lugar de advertir, imponga la consecuencia de inmediato. Entonces, sus hijos sabrán que habla en serio.

Cuide su comportamiento cuando aplique la consecuencia

Sea agradable y entusiasta al imponer consecuencias positivas. Actúe con calma y seriedad cuando aplique las negativas. Los gritos no son eficaces para aplicar consecuencias negativas. Los niños no oirán sus palabras si sólo pueden oír su enojo.

En Resumen

Las consecuencias son la parte de la enseñanza que realmente ayuda a cambiar el comportamiento de los niños. Las consecuencias positivas aumentan las probabilidades de que un comportamiento se repita. Las negativas reducen la probabilidad de que se produzca en el futuro.

Tenga estas ideas presentes cuando elija una consecuencia y se la explique a su hijo: la consecuencia debe ser importante para el niño, se debe aplicar de inmediato, debe tener una dimensión apropiada respecto del comportamiento y debe ser acorde al nivel de desarrollo de su hijo. Una buena regla práctica es comenzar con la consecuencia más leve que crea que cambiará la conducta. Estas son las claves para aplicar consecuencias eficaces.

Preguntas Frecuentes sobre
Aplicar Consecuencias

P **"¿Qué tipo de consecuencias puedo utilizar con mi hija de 2 años? ¿Es demasiado pequeña para ser disciplinada?"**

R No, los niños de dos años no son demasiado pequeños, pero el tipo de disciplina que use dependerá de su edad y capacidad. Las dos consecuencias que se utilizan con mayor frecuencia a esa edad son brindar atención al comportamiento positivo y aplicar el redireccionamiento ante la mala conducta. A veces puede pedirle también a su hija que rehaga o enmiende una acción, o que repita el comportamiento correcto con mayor frecuencia. No espere resultados inmediatos o muy duraderos apenas comienza a aplicar consecuencias: aprender lleva tiempo. Sea constante, firme y justo. Asegúrese de que su hija vea que el comportamiento positivo produce una respuesta positiva de su parte.

P **"Cuando mi hijo tiene una rabieta, es difícil aplicarle una consecuencia. ¿Qué debo hacer?"**

R Aplicar una consecuencia a un niño cuando está descontrolado probablemente no sea beneficioso para usted ni para él. Espere a que ambos estén calmados. Luego podrá enseñarle y él podrá aprender. Lea los capítulos 9, 11 y 13 sobre Instrucción Preventiva, *Instrucción Correctiva* y *Enseñanza del Dominio Propio*. La información que se incluye allí está pensada para ayudarlo a afrontar los comportamientos negativos que provocan rabietas.

P **"Tengo la impresión de que las consecuencias no afectan a mi hija. Parece gustarle hacer cosas malas para llamar mi atención. ¿Cuál es la mejor manera de manejar esta situación?"**

R Los niños a veces buscan cualquier tipo de atención, positiva o negativa. Si le presta mucha atención a su mal comportamiento y ninguna al bueno, es probable que ella se comporte mal porque, de esa manera, logra captar su atención. Recuerde elogiar más que corregir. Mantenga al mínimo la atención que dedique al comportamiento negativo y aumente la cantidad de atención que recibe su hija por tener comportamientos positivos. De ese modo, puede aumentar la probabilidad de que repita esos comportamientos positivos.

P **"A veces, me enojo tanto que le aplico a mi hijo una consecuencia excesiva. Intento mantener la calma, pero ¿qué puedo hacer cuando me ocurre esto?"**

R Si se enoja demasiado, haga una pausa. Con un minuto o dos será suficiente. Respire profundo y cálmese. Una vez que se haya calmado, aplique la consecuencia a su hijo. Recuerde tratar de enfrentar el problema mientras sea pequeño y manejable. Además, piense en las consecuencias con anticipación y apéguese a ellas, a fin de no aplicar otras irracionales en el "fragor de la batalla".

P **"Me siento como un pelele porque me cuesta aplicarle consecuencias a mi hijo. ¿Cómo puedo mejorar en esto?"**

R Planifique por anticipado y decida qué tipo de consecuencia aplicará para ciertos comportamientos malos; luego, sea constante en la aplicación. Incluso podría anotarlas y pegarlas en el refrigerador como recordatorio para usted y el niño. Cuando sea constante en la aplicación o asignación de consecuencias para esos comportamientos, podrá trabajar para cambiar otros.

6

Dígales Por Qué

Cómo Dar Razones que los Niños Comprendan

¿Por qué mis hijos no hacen lo que quiero quc hagan más a menudo?

¿Por qué mis hijos no entienden que su conducta afecta a los demás?

¿Por qué parece que mi hijo no comprende los beneficios de hacer las cosas bien?

Como padre o madre de un niño pequeño, es probable que se haya hecho estas preguntas y otras similares.

La razón por la cual ellos hacen lo que hacen es simplemente esa: son niños pequeños. Todavía no han desarrollado la capacidad de reflexionar, comprender el concepto de causa y efecto, ni aprender rápidamente de errores pasados. Son egocéntricos por naturaleza y socialmente inexpertos. Muchas de las lecciones necesitan diversas pruebas y errores para ser aprendidas. Esa es la mala noticia.

La buena noticia es que puede hacer algo que ayudará a sus hijos a aprender a tomar buenas decisiones. Mire nuevamente la lista de preguntas. Todas comienzan con "por qué".

Dar razones es la clave para ayudar a los niños a comprender lo que les estamos enseñando. Los niños pequeños quieren y necesitan saber el porqué. Necesitan comprender por qué ocurren o no las cosas. Necesitan saber cómo su comportamiento los afecta a ellos y a otros. Necesitan saber por qué algunas opciones son mejores que otras. Aprender estas conexiones ayuda a los niños a entender por qué deberían hacer algunas cosas y por qué no deberían hacer otras. Para ayudar a los niños a comprender estos por qués, los padres deben dar razones.

¿Qué Son las Razones?

Las razones son enunciados que muestran a los niños la relación entre su comportamiento y lo que podría ocurrir como resultado.

En cierto sentido, las razones cumplen la misma función que las consecuencias. Sin embargo, hay una diferencia: las consecuencias son cosas que uno hace que sucedan: usted da algo positivo o negativo por lo que ha hecho su hijo. Las razones, por otra parte, son sólo enunciados que explican a los niños lo que podría ocurrir si hacen algo.

Para entender mejor la diferencia entre razones y consecuencias, observe el siguiente ejemplo de lo que un padre o una madre podrían decir a un hijo acerca de compartir un juguete con un compañero de juego:

Uso de una Consecuencia: *"Gracias por compartir tu juguete. Por haber compartido, pueden quedarse afuera y jugar juntos 15 minutos más".*

Dar una razón: *"Gracias por compartir tu juguete. Cuando compartes con otros, hay más probabilidades de que ellos compartan contigo".*

¿Nota la diferencia? Las consecuencias son cosas que damos o permitimos hacer a nuestros hijos, mientras que las razones sólo son palabras que explican posibles resultados.

¿Por Qué es Bueno Dar Razones?

¿Por qué debemos dedicar todo este tiempo a dar razones? Porque son herramientas que ayudan a que su instrucción sea más eficaz. Las razones también conectan la conducta de un niño con el resultado o la consecuencia de esa acción.

Se han hecho estudios que demuestran que los niños aprecian que sus padres les den razones. Las razones pueden ayudar a sus hijos a recordar lo que les ha enseñado y aumentar la probabilidad de que realmente hagan lo que espera de ellos. Además, hay estudios que demuestran que los padres que dan razones a sus hijos tienden a ser más eficaces.

Incluso los niños muy pequeños pueden entender las razones. Los investigadores afirman que dar razones puede ser eficaz hasta con niños de tan sólo tres años; así que úselas con regularidad. Son herramientas de ensenanza poderosas e importantes.

Tipos de Razones

Hay muchos tipos de razones diferentes que puede usar con sus hijos. Las más comunes son las razones que muestran beneficios y posibles resultados negativos, y las que enseñan a preocuparse por los demás.

> El cerebro de un niño de dos años consume un 225 % más de energía metabólica que el de un adulto. Eso significa que un niño procesa información a una velocidad mucho mayor que un adulto.

Para que las razones sean eficaces con niños pequeños deben ser importantes para ellos. Son las que llamamos "razones para niños".

Las razones para niños demuestran a sus hijos cómo su comportamiento y sus decisiones pueden afectarlos en el futuro. Tenga esto en cuenta mientras analizamos los siguientes tipos de razones.

Las que presentan "beneficios" permiten que los niños conozcan las cosas buenas que podrían ocurrirles cuando tienen un comportamiento positivo. Aquí incluimos algunos ejemplos de razones que muestran beneficios:

"Cuando compartes con otros, hay más probabilidades de que ellos compartan contigo".

"Hacer las cosas en seguida te permite volver a jugar antes".

"Cuando dices la verdad, hay más probabilidades de que te crea en el futuro".

"Al guardar tus juguetes, te será más fácil encontrarlos".

"Cuanto antes te calmes, antes terminará tu Tiempo Quieto".

Las razones que muestran beneficios son las más eficaces para usar con niños pequeños. Esto se debe a que viven en un mundo donde impera el "yo", y lo primero que consideran en la mayoría de las situaciones es cómo los afectan los hechos. Este tipo de razones motivan a los niños pequeños a hacer lo que deben hacer.

Resultados Negativos: las razones también se pueden usar para mostrar a los niños de qué modo algunos comportamientos que tienen hacen su vida más difícil. Dar razones de "resultados negativos" con anticipación puede estimular a los niños a evitar conductas problemáticas.

Aquí incluimos algunos ejemplos de razones que muestran resultados negativos:

"Puede que el perro te muerda si eres brusco con él".

"Podrías caerte y lastimarte si juegas en la escalera".

"Si no guardas los juguetes, se pueden perder o romper".

"Quizá los demás no quieran jugar contigo si los insultas".

"Si discutes cuando te digo que es hora de acostarse, quizá no me den ganas de leerte un cuento".

No use razones que muestren resultados negativos para amenazar o asustar a los niños a fin de que hagan lo que usted desea. Por el contrario, úselas para ayudarlos a aprender que es probable que los comportamientos inapropiados empeoren las cosas en lugar de mejorarlas.

Tenga en cuenta que si se apoya en este tipo de razones todo el tiempo, los niños comenzarán a verlo como un gruñón y pronto dejarán de prestarle atención.

Preocupación por los Demás: si bien los niños pequeños son muy egocéntricos, eso no quiere decir necesariamente que queramos que sigan siéndolo. Los niños necesitan aprender que sus acciones y decisiones los afectan no sólo a ellos, sino a otros también.

Aprender esto los ayuda a comprender conceptos como bondad, interés y preocupación por los demás, disposición a ayudar, pena, empatía, y justicia. Estas cualidades ayudan a los niños a llevarse bien con los demás. Las razones que muestran preocupación por los demás pueden ser útiles para que los niños comprendan de qué modo su comportamiento afecta a las personas que los rodean.

Los siguientes son ejemplos de razones que pueden ayudarlos a interesarse por los demás:

> Los niños de cuatro años hacen, en promedio, 400 preguntas por día. [1]

"Insultar a otras personas puede hacerlas sentirse tristes".

"Si guardas los zapatos, para mí es más fácil aspirar el piso".

"Decir 'gracias' hace sentir bien a la gente por haberte ayudado".

"Cuando golpeas a alguien, puedes lastimarlo y hacerlo llorar".

"Cuando dejas que otra niña participe, la haces sentir especial y le permites divertirse".

Las razones que muestran interés por los demás son herramientas maravillosas para comenzar a enseñarles a los niños que deben considerar a otras personas cuando toman decisiones.

Cuándo Usar Razones

Hasta ahora, ha aprendido qué son las razones y por qué es importante usarlas con los niños pequeños. Ahora, veamos cuándo deberíamos usarlas. Por lo general, se motiva a los niños en tres tipos de situaciones: enseñanza, al darles instrucciones y cuando se les dice *"No"*.

Para Enseñar: criar a un niño pequeño requiere de muchas enseñanzas y explicaciones. A menudo, nuestros hijos tienen dificultades para comprender lo que esperamos de ellos y por qué. Las razones se pueden usar para ayudarlos a saber por qué deberían o no deberían tener ciertos comportamientos.

Por ejemplo, cuando un niño hace algo bien, el padre o la madre pueden utilizar una razón para niños que lo ayude a entender por qué esa conducta fue buena. En el próximo capítulo, aprenderá a combinar elogios con razones cuando sus hijos hacen las cosas bien. Son lo que llamamos *Elogios Eficaces*.

> "Es un padre sabio el que conoce a su propio hijo".
>
> – *William Shakespeare*

También puede usar una razón para niños a fin de ayudar a su hijo a comprender por qué algunos comportamientos no son apropiados.

En el capítulo 11, aprenderá utilizar una destreza llamada *Instrucción Correctiva* para responder a los comportamientos problemáticos de sus hijos. Las razones para niños funcionan muy bien cuando les enseñamos a corregir conductas problemáticas.

Otro momento para dar razones es al enseñarles lo que espera que hagan en situaciones futuras. Hacer que los niños sepan lo que usted espera y por qué aumenta la probabilidad de que lo hagan. En el capítulo 9 aprenderá más sobre cómo hacer esto con el uso de una destreza de crianza llamada *Instrucción Preventiva.*

Dar Instrucciones: no es nada fuera de lo común que los niños pequeños se nieguen o se resistan cuando se les pide algo. Esto puede ocurrir cuando se les pide que recojan sus juguetes, que vengan a comer, que vayan a acostarse, que compartan, que no hagan ruido cuando alguien está hablando por teléfono o que cumplan un Tiempo Quieto de inmediato. Los niños no nacen sabiendo por qué es importante que hagan ciertas tareas. Si nota que comienzan a repetirse situaciones en las que sus hijos cuestionan sus instrucciones o simplemente no hacen lo que les pide, es aconsejable que comience a usar algunas razones para niños (en especial, aquellas que muestran beneficios) para ayudarlos a comprender.

Decir *"No"*: escuchar la palabra *"no"* es una de las situaciones más difíciles para un niño pequeño. Como adultos, entendemos que hay momentos en los que no es apropiado comer dulces, salir a jugar o quedarse hasta tarde. Sin embargo, a los niños les cuesta entender que no siempre pueden tener o hacer lo que quieren y cuando quieren. Hacerles saber por qué les decimos *"no"* puede ayudarlos a comprender mejor la situación y facilitarles aceptar nuestras decisiones. Por supuesto que, cuando son pequeños, no hay garantías de que estas situaciones se desarrollen siempre sin inconvenientes. Aun así, lo alentamos a que intente usar razones para niños cuando les diga *"no"* a sus hijos y vea qué ocurre. Con el tiempo, puede que comience a ver buenos resultados.

Aunque estos tres tipos de situaciones son perfectas para usar razones para niños, recuerde que puede usarlas siempre que su hijo necesite comprender por qué algo debería o no debería suceder.

Sugerencias Útiles

A continuación, incluimos algunas reflexiones finales acerca de dar razones a sus hijos:

Use razones para niños

Hay muchos tipos de razones que se pueden usar con los niños. Las razones pueden demostrar lo que es importante para los padres, los maestros, los compañeros de juego y otras personas. Sin embargo, las que parecen funcionar mejor con los más pequeños son las que son importantes para ellos. Así que, siempre que sea posible, use razones que muestren a sus hijos cómo su comportamiento los afecta.

Use razones con frecuencia

Sabemos que puede ser necesario dedicar mucho tiempo a enseñar y practicar antes de que los niños pequeños aprendan lo que queremos que sepan. Esto es válido al aprender a atarse los cordones, abotonarse la camisa, subir la cremallera de una chaqueta y muchas otras cosas. También es válido para las razones. Es posible que sea necesario dar una razón varias veces en situaciones similares antes de que su hijo comience a comprenderla. Pero con el tiempo su perseverancia y paciencia lo ayudarán a aprender cómo su comportamiento afecta lo que le ocurre.

Sea breve

Como ya hemos mencionado, el período de atención de los niños pequeños puede ser muy corto; por lo tanto, las razones que les dé deben ser igual de cortas.

Sea realista

Aunque los niños sean pequeños, aprenden rápido lo que es probable que suceda y lo que no. Asegúrese de dar razones que apunten a resultados realistas con respecto a su comportamiento. Por ejemplo, cuando un niño le hace muecas a alguien, advertirle que la cara podría quedarle así probablemente no sea una razón tan buena como explicarle que los demás estarían más dispuestos a jugar con él si no les hiciera muecas. También es necesario que las razones muestren resultados que ocurrirán en un futuro cercano. Por ejemplo, decirle a una niña que recoger sus juguetes es señal de ser responsable y que la ayudará algún día a conseguir un buen empleo probablemente no sea una razón tan buena como decirle que será más fácil encontrar sus juguetes la próxima vez.

> Un niño de entre 24 y 44 libras necesita cinco vasos de agua por día.

Concéntrense en lo positivo

Si bien es cierto que el mal comportamiento puede causar situaciones desagradables, no es muy recomendable motivar a los niños mediante el miedo a que ocurran cosas malas. Por el contrario, es mejor motivarlos con las cosas positivas que pueden resultar de hacer las cosas bien. Así que limite la frecuencia con la que usa razones como *"Te lastimarás"* o "Te meterás en problemas", yen su lugar, utilice razones que muestren a sus hijos cómo ellos y otras personas pueden beneficiarse al hacer algo así. Use razones como *"Si guardas tus juguetes, podrás encontrarlos la próxima vez que quieras jugar"* o *"Si compartes, los demás querrán compartir contigo"*.

En Resumen

Las razones son herramientas maravillosas para usar con los niños, incluso los niños pequeños. Les enseñan cómo funciona el mundo al mostrarles lo que es probable que ocurra como resultado de su comportamiento. Es importante que los niños aprendan estas lecciones.

Si bien entienden mejor las razones a medida que crecen, hay pruebas que sostienen que las razones son eficaces con niños de apenas tres años. Por lo tanto, habitúese a dar razones cuando les enseña. Tanto usted como sus hijos se beneficiarán.

[1] Thompson, C. E. (1992). *101 Wacky facts about kids (101 datos insólitos sobre los niños).* Nueva York: Scholastic, Inc., Parachute Press.

Preguntas Frecuentes sobre **Dar Razones**

P **"¿Cuál es la diferencia entre las razones para niños y dar opciones?"**

R Las razones para niños son enunciados positivos que usan los padres para describir lo que puede ocurrir o no en el futuro como resultado de un comportamiento. Un ejemplo podría ser decirle a su hijo que recoger sus juguetes cuando usted se lo pide le dará más tiempo para jugar después. Las opciones son decisiones que usted les permite tomar a los niños a fin de que se vuelvan más responsables e independientes. Un ejemplo podría ser que su hijo elija qué conjunto de ropa usar. Por lo general, hacer que los niños pequeños escojan entre dos opciones es suficiente. Demasiadas opciones pueden causar confusión y dar lugar a luchas de poder al momento de hacer que su hijo siga una rutina establecida.

P **"Mi hija siempre quiere una razón por la que debe hacer lo que le pido que haga. ¿Necesita tener una razón para hacer todo?"**

R No. Pero recuerde que es normal que en su desarrollo los niños pequeños pregunten el por qué. Dar razones ayuda a que entiendan la relación entre el comportamiento positivo y los resultados positivos, y el comportamiento negativo y los resultados negativos. Asegúrese de que sus razones se enfoquen más en lo positivo. Esta es una buena herramienta para los padres porque a los niños los motivan más las cosas positivas que puedan ocurrir que las amenazas o exigencias negativas. Fs más probable que mantengan un comportamiento cuando saben de qué manera los beneficiará.

P **"Cuando le digo a mi hijo por qué hacemos o no hacemos algo, sigue haciendo preguntas al respecto. ¿Cuántas razones es suficiente darle?"**

R Dé a su hijo una razón para niños breve y específica. Si continúa preguntando, hay una serie de cosas que puede hacer. A veces puede hacerlo que le repita la razón a usted para ver si él entiende. Si la repite, puede decirle: "Buen trabajo. Entendiste muy bien lo que dije". Si no, enuncie la razón de otra manera para que la comprenda. Si siente que sólo está intentando llamar su atención, recurra al redireccionamiento para dirigir su atención a otra cosa.

P **"¿Puedo usar razones para niños cada vez que mi hijo se porta mal?"**

R Si lo hace, deben ser breves y específicas. Recuerde que las razones sólo son una parte de la enseñanza y que no cambian los comportamientos de los niños por sí solas: también debe aplicar consecuencias. Las razones deben ser positivas e importantes para el niño. No dé razones cuando sienta enojo, porque con frecuencia se convertirán en amenazas.

P **"¿En qué se diferencia una razón de una consecuencia?"**

R Una razón es algo que puede o no suceder en el futuro como resultado de una conducta. Una consecuencia es algo que se gana y que va a ocurrir ahora, como resultado de un comportamiento.

P **"¿A qué edad debería comenzar a darle razones? ¿A qué edad puedo empezar a ayudar a mi hijo a que piense sus propias razones?"**

R Comience dando razones tan pronto como sea posible. De esa manera, es más probable que sus hijos comiencen a comprenderlas antes; además, es bueno que los padres desarrollen ese hábito. Es posible que sus hijos no comprendan todas las razones, pero comenzarán a entender la relación entre los comportamientos y las consecuencias que les siguen.

7

¡Así se Hace!

Elogiar con Eficacia y Frecuencia

Hemos destacado la importancia de ser buenos maestros para nuestros hijos. Hay muchas importantes herramientas de enseñanza que puede usar para ayudarlos a aprender las destrezas que necesitan en la vida. Ya hemos hablado de algunas de ellas: comprender cómo se desarrollan los niños, reconfortarlos, comunicarse con claridad, usar *La Imagen y la Palabra*, seleccionar consecuencias apropiadas y dar razones.

Agreguemos a este conjunto de destrezas otra herramienta esencial: el elogio. Es uno de los métodos de enseñanza más poderosos que puede usar. Es como una brújula: un instrumento que nos permite conocer qué rumbo llevamos. Se usa para mantenernos en la dirección correcta. El elogio funciona más o menos igual. Les permite a los niños saber que van en la dirección correcta. El uso habitual del elogio facilita a los niños mantener el rumbo correcto y les permite recuperarlo cuando parecen perdidos.

Si el elogio es tan poderoso, ¿por qué los padres no lo usan tan a menudo como deberían? Hay varias razones, y una de ellas es que está en la naturaleza humana concentrarse en lo que sale mal en lugar de poner el foco en lo que sale bien. Cuando se derrama un vaso de leche en el piso de la cocina, tenemos que limpiarlo; en cambio, cuando un niño bebe y no derrama nada no se requiere tanta atención de nuestra parte.

> "Los niños siempre se dirigen hacia a la luz".
>
> – *David Hare*

Otra razón por la que quizás no usamos el elogio es que no reconocemos los comportamientos apropiados y esperados como algo especial. Si ya les dijimos a nuestros hijos cuáles son los comportamientos que nos gustan, ¿por qué tenemos que continuar diciéndoselos?

Más allá de por qué los padres no elogian a sus hijos con suficiente frecuencia, usar elogios puede hacer la vida más sencilla. Cuando demostramos nuestra aprobación por lo que hacen nuestros hijos, es más probable que continúen haciendo más de eso que queremos que hagan y menos de lo que no queremos. En este capítulo, hablaremos de algunas formas en que podemos utilizar los elogios para ayudarlos a tener éxito y hacer las cosas más fáciles para nosotros como padres.

Contamos con una destrezas de crianza breve, simple y eficaz para elogiar a los niños. Es lo que se llama *Elogios Eficaces. Usar Elogios Eficaces* es **responder a sus hijos con sinceridad y entusiasmo por sus comportamientos positivos.**

Constan de cuatro pasos, que son:

1. Muestre aprobación.
2. Indique el comportamiento positivo mediante La Imagen y la Palabra.
3. Dar una razón.
4. Implemente una consecuencia positiva.

(Estos pasos se explicarán en detalle más adelante en este capítulo.)

Sorprender a sus hijos cuando actúan bien y elogiar su comportamiento es una de las maneras más fáciles y eficaces de estimularlos a comportarse bien en el futuro. Veamos cuáles son los mejores momentos para usar los *Elogios Eficaces*.

Cuándo Utilizar Elogios Eficaces

Los padres ya saben cuán inquietos pueden ser los niños pequeños. Sí, puede ser un placer tenerlos cerca, pero también pueden poner a prueba nuestra paciencia. Su curiosidad natural y sus altos niveles de energía tienen la capacidad de hacer que ciertos días se vuelvan muy estresantes. Otros días puede parecer que lo único que hacemos es pasar de un problema a otro. Las cosas buenas que hacen nuestros niños pueden pasar inadvertidas con facilidad. Cuando esto sucede, tenemos que hacer un esfuerzo mayor para reconocer el buen comportamiento. Por lo general, hay tres tipos de situaciones en las que pueden usar los *Elogios Eficaces*:

Cuando los niños continúan haciendo cosas que ya hacen bien

Todos los niños hacen algunas cosas bien, aunque haya días en los cuales nos parezca que estos éxitos son escasos e infrecuentes. Sin embargo, si de verdad busca buenos comportamientos, los encontrará con facilidad. En Boys Town alentamos a los padres a observar a sus niños y a "sorprenderlos cuando actúan bien". En otras palabras, elogie las acciones positivas que sus hijos hagan por propia voluntad. Esos éxitos incluyen cualquier conducta de su hijo que a usted le gustaría que repita con mayor frecuencia en el futuro.

Los éxitos pueden ser grandes logros de sus hijos, entre ellos alcanzar ciertos indicadores de desarrollo como abotonarse la ropa, atarse los cordones, montar un triciclo o usar el baño. Pero también pueden ser comportamientos cotidianos como venir cuando los llaman, decir *"por favor"* y *"gracias"*, o compartir con un compañero de juegos. Recuerde que algunos niños harán más cosas de las que a usted le gustan si simplemente les dice qué es lo que le gusta.

Cuando los niños muestran mejoras en comportamientos problemáticos

Los más pequeños aprenden y crecen todo el tiempo. Pasan de sentarse a ponerse de pie y a caminar en un período relativamente corto. Aunque notamos estos indicadores, es fácil perderse los pasos intermedios. Lo mismo puede decirse de otras áreas, mientras los niños aprenden otros comportamientos, como aceptar un *"no"* como respuesta, recoger sus juguetes o ir a la cama sin tener una rabieta. Debemos recordar que se necesita tiempo para que la mayoría de las expectativas que tenemos para nuestros hijos se haga realidad. Sin embargo, cada paso que dan en la dirección correcta es igualmente un paso correcto. Los *Elogios Eficaces* se pueden usar incluso para los pequeños pasos positivos, de modo que sirvan como pilares para el paso siguiente.

Cuando los niños hacen intentos positivos de usar una nueva destrezas

En general, los niños pequeños no hacen las cosas correctamente en el primer intento. Mucho de lo que esperamos que hagan es nuevo o tiene cierta dificultad para ellos. A los niños no sólo les lleva tiempo incorporar destrezas en algunas áreas, sino que también puede haber numerosos errores, olvidos y frustraciones a lo largo del camino.

> "El silencio es oro, a menos que tenga un niño pequeño. En ese caso, el silencio es muy, muy sospechoso".
>
> – *Anónimo*

Sin embargo, es importante darse cuenta de que es un éxito cada vez que nuestros hijos intentan hacer algo bien, sea cual fuera el resultado. Se parece mucho a enseñar a un niño a batear una pelota de béisbol: hay que enseñarle a agarrar el bate, la postura y la oportunidad. Hará muchos intentos y fallará muchas veces antes de poder darle a la pelota. A menudo, los niños no necesitan que los alentemos cuando hacen contacto: golpear la pelota es emocionante y motivador en sí mismo. Es igual de valioso ofrecer aliento y apoyo cada vez que el niño hace un intento y falla.

Elogiar a los niños por cosas que intentan aprender también les aporta la motivación que necesitan para seguir intentándolo cuando los desafíos son difíciles y no es fácil conseguir el éxito. Observe con atención estas situaciones en casa, como cuando su hijo intenta alimentar al perro pero se le cae comida al piso, o cuando intenta abotonarse la camisa pero pasa por alto un botón. Querer aprender e intentar tener comportamientos positivos siempre es bueno, aunque a veces las cosas resulten un poco desordenadas.

¿Qué cosas hace su hijo que usted podría elogiar? Tómese unos minutos para pensar en algunas cosas que él ya hace bien, destrezas en las que haya avanzado e intentos que haya hecho de aprender cosas nuevas. Puede ser útil hacer una lista y pegarla en el refrigerador. A los niños les gusta ver su progreso. Además, es un buen recordatorio para usted ver las cosas positivas que él hace.

Pasos de Elogios Eficaces

Como ya mencionamos, los *Elogios Eficaces* son una manera breve y eficaz de responder en forma positiva a lo que su hijo hace bien y estimularlo a que le vaya bien en el futuro. Veamos los pasos de esta destreza.

1. Muestre aprobación

Significa demostrar de inmediato a sus hijos que le gusta lo que hicieron o intentaron hacer. Puede hacerlo con el uso de expresiones como *"Bien"*, *"Genial"*, *"Maravilloso"* o *"Eso es buenísimo"*. La aprobación también se puede manifestar con acciones. Por ejemplo, con sonrisas, abrazos, besos y chocando los cinco. El objetivo es mostrarles con sinceridad que aprueba lo que han hecho de modo tal que los aliente a tener ese comportamiento con mayor frecuencia en el futuro.

2. Indique el comportamiento positivo mediante La Imagen y la Palabra

Para que sus elogios sean más eficaces, es importante mostrarles en forma visual y oral lo que hicieron bien. Aunque quizá suponga que sus hijos deberían saber lo que a usted le gusta o lo que hicieron bien, no es tan simple. Los niños pequeños a menudo no son conscientes de lo que hacen. De hecho, con frecuencia hacen algo positivo sin saberlo, casi por accidente. Nunca dé por hecho que sus hijos saben qué comportamientos usted quiere que tengan. Tiene que asegurarse de que lo sepan. Al mostrar a los niños en forma visual y oral lo que hicieron bien, habrá más probabilidades de que repitan esos comportamientos en el futuro. Ejemplos de este paso serían decir: *"Viniste rápido cuando papá te llamó"* o *"¡Montaste el triciclo sin ayuda!"*.

3. Dar una razón

Las razones son herramientas maravillosas para usar con los niños. Estas les enseñan a los niños lo que es probable que suceda cuando se comportan de determinada forma. Las razones deben ser apropiadas para la edad, relacionarse con el niño, y ser realistas, breves y positivas. Las razones para niños pueden alentarlos a comportarse más de esa forma en el futuro.

4. Implemente una consecuencia positiva

La mayoría de las veces, sus elogios y su atención serán suficientes para estimular a que sus hijos continúen teniendo ciertas conductas. Sin embargo, puede haber algunos comportamientos positivos que les sean especialmente difíciles de dominar o que sean muy poco frecuentes.

Para esas ocasiones, que podrían incluir dominar el uso del baño o aprender a montar un triciclo, puede ser necesario agregar un poco de entusiasmo a sus elogios. Una manera fácil de hacerlo es recompensar a su hijo con una consecuencia positiva.

Las consecuencias positivas son cosas que a su hijo le gustan y que refuerzan el comportamiento que usted desea que tenga. Pueden ser desde sonrisas, palmaditas y abrazos hasta cosas más tangibles, como pasar un tiempo especial con el padre o la madre, privilegios y cosas materiales. Para recordar cómo utilizar las consecuencias de manera eficaz, vuelva a consultar el Capítulo 5. todos modos, tenga en cuenta que la mayoría de las veces y para la mayoría de los comportamientos, bastará con sus elogios y aprobación.

Cómo Usar los Elogios Eficaces

Los Elogios Eficaces no sólo pueden ser beneficiosos para usted y su hijo, sino que también son fáciles y rápidos. Lea los siguientes ejemplos y vea lo fácil que puede ser usarlos.

Ejemplo 1

1. **Muestre aprobación.** *"¡Fabuloso! ¡Buen trabajo!"*
   - Felicítelo o haga un comentario halagador.
   - Sonría, abrace al niño y haga contacto físico.

2. **Indique el comportamiento positivo mediante La Imagen y la Palabra.** *"¡Recogiste tus juguetes enseguida!"*
   - Describa o demuestre específicamente la destreza o el comportamiento.

3. **Dar una razón.** *"Cómo recogiste los juguetes, ahora tienes tiempo para hacer algo divertido".*
   - Que sea apropiada para el nivel de desarrollo del niño.
   - Sea breve.

4. **Implemente una consecuencia positiva.** *"Leamos tu cuento favorito".*
   - Que se relacione con el comportamiento.
   - Que sea apropiada para la situación.

Ejemplo 2

1. Muestre aprobación.	*"No te preocupes por haber derramado un poco de jugo. ¡Estoy orgulloso de que lo hayas intentado!".*
2. Indique el comportamiento positivo mediante La Imagen y la Palabra.	*"Estás aprendiendo a servirte tu propio vaso de jugo".*
3. Dar una razón.	*"Muy pronto serás capaz de servirte jugo sin ayuda".*
4. Implemente una consecuencia positiva.	*"Ya casi haces las cosas como una niña grande. Toma este repasador y limpia el jugo derramado; luego, te ayudaré a terminar de servirlo".*

Ejemplo 3

1. Muestre aprobación.	*"¡Eso estuvo mucho mejor!".*
2. Indique el comportamiento positivo mediante La Imagen y la Palabra.	*"Mira, te abotonaste los tres primeros botones".*

3. Dar una razón.	*"Ya pronto no necesitarás la ayuda de mamá para vestirte".*
4. Implemente una una consecuencia positiva.	*"Cada vez logras abrochar más botones"* (Dele un abrazo).

Al leer estos ejemplos, podrá ver que los *Elogios Eficaces* son una sencilla forma de responder cuando sus hijos hacen algo con éxito, muestran avances o intentan hacer las cosas bien. En el futuro, intente usar a menudo los *Elogios Eficaces* con sus hijos. Observe su reacción y sea consciente de cómo mejora usted en el reconocimiento de comportamientos para elogiar.

Antes de cerrar este capítulo, incluimos algunas sugerencias para tener en cuenta acerca de cómo hacer más eficaces los elogios.

Sugerencias Útiles

Aquí presentamos algunas sugerencias para usar *Elogios Eficaces* de la mejor manera posible.

Sea sincero y entusiasta

Usted debe verdaderamente celebrar los éxitos, los avances y los intentos positivos de sus hijos. Si ellos ven que usted está entusiasmado por su buen comportamiento, es posible que también se entusiasmen por hacer las cosas bien. Mediante su aprobación, les está mostrando que hacer las cosas bien es mucho más apasionante que ser desobediente. Esto no significa que usted deba literalmente saltar de alegría cada vez que sus hijos hacen las cosas bien. Significa que sus hijos deberían darse cuenta fácilmente de que usted está contento y de que sus elogios son reales y sinceros. Haga que su aprobación se note.

Sea breve y específico

Sabemos que los niños pequeños tienen períodos de atención muy breves. Lo mejor de los *Elogios Eficaces* es que no toman mucho tiempo. Una buena regla para seguir es que el elogio no debería llevar más tiempo que el comportamiento que está elogiando. Además, cuando elogie a sus hijos, recuerde mostrarles claramente de forma visual y oral lo que hicieron bien. Cuando los niños saben lo que hicieron bien, les es más fácil repetir ese comportamiento en el futuro.

Concéntrense en lo positivo

Uno de los objetivos de los *Elogios Eficaces* es aumentar la frecuencia con que se repiten los comportamientos positivos. Para que esto ocurra, asegúrese de elogiar a los niños por haber hecho algo bien y no solo por no haber hecho algo malo. Por ejemplo, en lugar de decir *"Gracias por no discutir y quejarte"*, debería decir *"Gracias por decir 'De acuerdo' y recoger tus juguetes enseguida"*. Elogie los comportamientos relacionados con "hacer las cosas bien", en lugar de la ausencia de un "mal" comportamiento.

Elogie más y corrijan menos

Dado que los niños pequeños están aprendiendo y explorando el mundo, sin dudas, ofrecerán muchas oportunidades para que los padres respondan a comportamientos problemáticos. Si bien debe resolver estas situaciones, no es recomendable corregir constantemente a sus hijos. Queremos disfrutar de nuestros hijos y que ellos disfruten de estar cerca nosotros.

> "Nada sirve tanto para mejorar la atención de un niño como unas palabras amables".

Para evitar sentir que sólo pasa de un problema a otro, esté atento a las cosas buenas que sucedan en medio de situaciones difíciles. Por ejemplo, corregir a un niño por pegarle a un hermano puede ser una oportunidad de elogiar comportamientos, tales como dejar de golpear, venir cuando lo llaman, mirarlo y escucharlo mientras usted le habla, aceptar una consecuencia y disculparse.

Además, inmediatamente después de la corrección, pueden surgir oportunidades para elogiar ciertos comportamientos, como compartir y llevarse bien con los demás. Si bien debe corregir los comportamientos problemáticos, ofrecer elogios con frecuencia permite a sus hijos saber que hay más probabilidades de escuchar cosas buenas que malas cuando están cerca de usted.

En Resumen

Algunos padres nos dicen que elogian a sus hijos, pero que eso no parece cambiar en nada su comportamiento. Por lo general, notamos que estos padres elogian sólo los logros sobresalientes o las ocasiones memorables. Se están perdiendo muchas oportunidades cotidianas de dirigir la atención hacia los comportamientos positivos, las pequeñas cosas que los niños hacen todo el tiempo. Una vez que los padres comienzan a observar a sus hijos atentamente en busca de pequeños avances y a elogiarlos, notan muchos cambios positivos en su comportamiento. Además, sienten que se llevan mejor con sus hijos. Esto no es mera coincidencia. Elogiar funciona.

Otros padres nos han preguntado: *"¿Por qué debería elogiar a mis hijos por algo que se supone que deben hacer?"*. Buena pregunta. Les respondemos con estas preguntas: *"¿Le gusta que le reconozcan las cosas que hace bien, más allá de que se supone que debe hacerlas? ¿Le gusta que su jefe le diga lo bien que está haciendo su trabajo?"*. La mayoría de los padres responden *"Por supuesto"*. Y luego agregan: *"Y no me molestaría oírlo un poco más a menudo"*. Con eso basta. A todos nos gusta que nos digan las cosas que hacemos bien.

Además, hemos conocido muchos padres que nos cuentan que elogian a sus hijos con frecuencia, pero que no parece importarles mucho. ¡El problema es que estos padres tienden a elogiar a sus hijos por todo! Sus elogios no están sujetos a un comportamiento positivo por parte de sus hijos.

Es igual a darles helado constantemente. Tarde o temprano, sin importar cuánto les guste el helado, este perderá su atractivo. Los elogios también pierden su efecto si no están vinculados a un comportamiento específico.

Se supone que los *Elogios Eficaces* deben ser frecuentes y a la vez estar vinculados a un comportamiento positivo. ¡Por eso es que funcionan! Los padres deben elogiar y estimular a sus hijos por cosas muy específicas que hayan hecho. Esta atención a comportamientos específicos aumenta la probabilidad de que los mismos comportamientos se repitan.

Sus hijos le dan motivos para estar contento. Todos los niños hacen algo que merece un elogio. Asegúrese de reconocerlo y, por sobre todas las cosas, de decírselo.

Un comentario final: en entrevistas con algunas de las miles de personas que han realizado nuestro programa de crianza, muchas nos han contado que los *Elogios Eficaces* han tenido un efecto duradero en sus familias. Los padres se dan cuenta de que se vuelven más positivos con respecto a sus hijos. Los niños, por su parte, tienen una actitud más positiva hacia sus padres. Usando los *Elogios Eficaces*, todos ganan.

Preguntas frecuentes acerca de **los Elogios Eficaces**

P **"¿Se supone que debo darle algo a mi hija cada vez que hace algo bien?".**

R No necesariamente. Tanto los elogios como las consecuencias positivas se pueden usar con frecuencia al comienzo para que haga más seguido cosas que no hace habitualmente. Después, para cosas que su hijo haga con regularidad, una palabra de aliento, un contacto físico positivo, una sonrisa, un guiño o contacto visual pueden ser suficientes.

P **"¿Elogiar no es como sobornar?".**

R No. Hemos aprendido lo importante que es recompensar el buen comportamiento para que se repita. Los elogios se ganan por el buen comportamiento. No es un soborno, sino una manera de mostrar aprecio y aprobación a sus hijos por un comportamiento positivo que tuvieron. Los sobornos se dan, en realidad, después de un mal comportamiento con la esperanza de que el niño deje de comportarse mal o tenga un buen comportamiento. Un ejemplo sería: *"Si dejas de llorar, te compraré una barra de dulce"*. Los sobornos no dan buenos resultados porque sólo fomentan la repetición del comportamiento negativo.

P **"¿Por qué debería elogiar a mi hijo por algo que ya hace bien?"**

R Es necesario que los niños sepan que usted aprecia las cosas que hacen bien. Su hijo percibirá sus elogios como más personales si lo elogia por cosas que ya hace bien y no sólo por cosas que usted quiere que mejore. Cuando su hijo domine un cierto comportamiento, usted puede elegir no decir nada (limitarse levantar el pulgar, asentir con la cabeza o sonreír para indicarle su aprobación). No dé por sentados los comportamientos positivos. Si lo hace, terminará dirigiendo su atención a todo lo negativo que haga su hijo.

P **"Mi hija finalmente está empezando a terminar toda la comida que le sirvo. ¿Durante cuánto tiempo tendré que elogiarla por ese logro?"**

R Como dijimos en la respuesta anterior, elógiela hasta que el comportamiento se convierta en una rutina o hábito. Puede elogiar menos verbalmente y, en cambio, estimularla o darle una palmadita en la espalda cuando comience a hacerlo con mayor frecuencia. Pero no lo ignore por completo.

P **"No creo que mi hijo haga más cosas buenas que malas. ¿Cómo hago para elogiarlo más de lo que lo corrijo?"**

R La primera clave es no esperar que suceda algo sobresaliente para elogiarlo. Observe con atención las pequeñas cosas que hace bien. Dele oportunidades para actuar con éxito y luego elógielo por esos logros. Intente pasar más tiempo con su hijo haciendo cosas divertidas y observe con atención para detectar comportamientos positivos. Es un muy buen hábito y es importante que los padres lo adopten.

P

"Todo el tiempo le hago notar a mi hija cuando hace algo bien, pero eso no parece cambiar nada. ¿Qué debo hacer?"

R. Tenga paciencia. A veces, los elogios son como la acción del agua sobre una piedra: con el tiempo, el flujo persistente del agua cambia la forma de la piedra. Puede que necesite un poco de tiempo para responder. Quizá, ser más entusiasta y mostrar su afecto con una sonrisa, un abrazo o una palmada en la espalda sirva para comunicar mejor sus sentimientos. Dele, de vez en cuando, una pequeña recompensa si todavía no lo está haciendo. Si le da recompensas y cree que no están dando resultado, vuelva a leer el capítulo sobre las consecuencias para verificar si está siguiendo las pautas allí descritas.

8

Paso a Paso

Enseñanza de Destrezas Sociales a los Niños

Los niños necesitan que les enseñen muchas cosas, desde comer, vestirse y atarse los cordones hasta compartir, respetar reglas de seguridad y hacer lo que se les pide. Tenemos tanto que enseñarles que a veces es difícil saber por dónde comenzar.

En este capítulo y el siguiente, analizaremos dos elementos importantes de la enseñanza que usted imparte como padre o madre. Este capítulo estará dedicado a qué enseñarles a los niños. En el próximo capítulo, conoceremos la *Instrucción Preventiva* o *cómo* enseñarles a los niños.

¿Qué Debo Enseñar?

Para la mayoría de los padres, es fácil de identificar las cosas que *no queremos* que hagan nuestros hijos. Gritar, discutir, golpear, quejarse y mentir son algunos ejemplos. En cambio, no pensamos muy a menudo en las cosas que queremos que hagan nuestros hijos.

Sabemos que con solo decirles lo que *no* deben hacer no es suficiente. Si así fuera, ¡no tendríamos que seguir diciéndolo! Si realmente queremos que nuestros hijos tengan éxito, debemos ser capaces de enseñarles claramente las cosas que queremos que hagan.

Destrezas Sociales

Hay muchas cosas que los padres deben enseñarles a sus hijos a hacer por sí mismos. Los ejemplos incluyen realizar tareas en el hogar, seguir rutinas, cuidar de sí mismos, etc. Sin embargo, una de las áreas que más suelen pasarse por alto es enseñarles a los niños a interactuar con los demás.

¡Una de las partes más importantes de la vida! Después de todo, los niños (y los adultos) pasan más tiempo en situaciones sociales que atándose los cordones, vistiéndose o guardando juguetes. Dado que es tan importante que los niños sepan cómo hacer esto bien, las destrezas sociales son una necesidad.

Las destrezas sociales son conjuntos de comportamientos que permiten a nuestros niños relacionarse con los demás de forma eficaz y agradable, tanto en el hogar como fuera de casa. A veces, nos referimos a ellas como destrezas "civilizadoras". Algunos ejemplos de destrezas sociales son *seguir instrucciones, escuchar a los demás, pedir permiso, esperar su turno, aceptar un "No" como respuesta* y *compartir.*

Para identificar qué destrezas le gustaría que aprendan sus hijos, tome una hoja de papel y escriba dos destrezas que desee que su hijo ponga en práctica con *mayor constancia,* como hacer lo que usted le pide o no discutir cuando le dice que *"No"*. Recuerde que debe elegir destrezas que su hijo sea capaz de aprender y hacer y que sean apropiadas para su edad y nivel de desarrollo.

Además, escriba dos *nuevas* destrezas que su hijo necesite aprender, como esperar su turno o pedir perdón.

A continuación, piense en una de las destrezas que haya identificado y hágase esta pregunta: *"Si le pido a mi hijo que ponga en práctica esta destreza, ¿qué quiero que diga o haga?"*.

Para Comenzar

Dado que cada destreza social es un conjunto de comportamientos, enseñar destrezas es un proceso gradual. Comienza con mostrar de forma visual y oral uno o dos comportamientos de la destreza que desea que aprenda su hijo. En el caso de niños muy pequeños, el primer paso puede ser simplemente que su hijo lo mire a usted cuando le habla. A medida que ese comportamiento mejore, puede agregar otro paso, como hacer que diga *"De acuerdo"* o que asienta con la cabeza cuando le da instrucciones. Cuando la capacidad de su hijo de mostrar estos dos comportamientos juntos mejore, podrá agregar más pasos. Con el tiempo, su hijo aprenderá todos los pasos que constituyen la destreza que quiere enseñarle. En la página siguiente hay algunos comportamientos que conforman muchas destrezas sociales. (En el cuadro de la página 125 figuran algunas destrezas sociales comunes que los padres pueden enseñarles a niños pequeños que sean capaces de cumplir con estos comportamientos de forma individual).

* Mirar al otro.
* Decir *"De acuerdo"*.
* Hacer lo que se le pide.
* Revisar lo que hizo.
* Sentarse o quedarse parado en silencio.
* Encontrar algo tranquilo para hacer.
* Decir *"Gracias"*.
* Decir *"Por Favor"* o *"Puedo ...."*.
* Pedir permiso para hacer lo que desea.
* Decir *"Lo siento"*.
* Decir lo que hizo mal.
* Pedir algo una vez y esperar.

Cómo Continuar

Los niños pequeños aprenden mejor cuando las lecciones son breves, constantes y se repiten a menudo. La enseñanza también es más clara cuando se concentra en uno o dos temas. Por lo tanto, será beneficioso para usted y sus hijos si comienza con sólo una o dos destrezas sociales. Una manera de enseñar estos comportamientos y destrezas es utilizar la *Instrucción Preventiva*, de la que hablaremos en el próximo capítulo.

Otras maneras de enseñar destrezas sociales a sus hijos incluyen:

* **Utilizar *Elogios Eficaces* cada vez** que su hijo utilice o muestre una mejora en el uso de una destreza social.

Destrezas Sociales

Seguir Instrucciones
- Mirar a la otra persona.
- Decir *"De acuerdo"*.
- Hacer lo que se le pide.
- Revisar lo que hizo.

Pedir Permiso
- Mirar a la otra persona.
- Decir *"Por Favor"* o *"Puedo..."*.
- Pedir permiso para hacer lo que desea.
- Decir *"Gracias"*.

Aceptar un "No" como Respuesta
- Mirar a la otra persona.
- Decir *"De acuerdo"*.
- Sentarse o quedarse de pie en silencio.

Llamar la Atención de Alguien
- Mirar a la otra persona.
- Sentarse o quedarse de pie en silencio.
- Pedir una sola vez y esperar.
- Decir *"Gracias"*.

Esperar tu Turno
- Sentarse o quedarse de pie en silencio.
- Buscar alguna actividad tranquila para hacer.
- Decir *"Gracias"* cuando se termina su turno.

Pedir Ayuda
- Mirar a la otra persona.
- Decir *"Por Favor"*.
- Pedir ayuda.
- Decir *"Gracias"* al recibirla.

Escuchar a los Demás
- Mirar a la otra persona.
- Sentarse o quedarse de pie en silencio.
- Decir *"De acuerdo"*.

Decir que lo Siente
- Mirar a la otra persona.
- Decir *"Lo siento"*.
- Decir lo que hizo mal.

* **Actúe como modelo para mostrar destrezas sociales a sus hijos.** Esto puede hacerse en cualquier momento en que esté con ellos o cuando interactúa con otras personas mientras sus hijos lo ven.
* **Haga que aprender sea divertido.** Por ejemplo, utilice *La Imagen y la Palabra* para describirle a su hijo cómo escuchar con atención cuando usted le habla. Luego, use el juego "Luz roja, luz verde" (también conocido como "El semáforo") para que practique escuchar. El juego funciona así: Dígale a su hijo que puede caminar hacia usted sólo cuando usted diga *"Luz verde"*. Si usted dice *"Luz roja"*, su hijo debe dejar de caminar. Mientras su hijo esté de pie de frente a usted, diga de forma alternada *"Luz verde"* y *"Luz roja"*. Estos juegos ayudan a los niños a seguir instrucciones y escuchar con atención. Diga muchos elogios durante el juego. Su hijo aprenderá que escucharlo con atención no es algo que debe hacer sólo cuando lo está corrigiendo.

Puede usar otros juegos para enseñarle otras destrezas, como "¿Puedo mamá?" para pedir permiso. También puede usar otras técnicas de motivación, por ejemplo, poner calcomanías en cuadros de méritos para motivar a los niños pequeños a aprender nuevos comportamientos (consulte la sección de cuadros al final de este capítulo para obtener más información).

Sugerencias Útiles

Sea breve

No nos cansaremos de repetirlo. Los niños pequeños tienen períodos de atención cortos. Para que aprendan una lección, esta tiene que ser simple y breve.

Sea constante

Los niños pequeños pocas veces aprenden algo nuevo la primera vez que se les enseña. Con las destrezas sociales ocurre lo mismo. Es posible que tenga que enseñar la misma destreza muchas veces hasta que su hijo sea capaz de ponerla en práctica. Enseñar una destreza social con frecuencia y hacerlo siempre de la misma manera puede ayudar.

Dé el ejemplo

Los niños pequeños, a menudo, aprenden y recuerdan mediante la observación de lo que hacen usted y los demás. Para mostrarle cómo poner en práctica la destreza que le está enseñando, úsela en la vida cotidiana. Aproveche el deseo del niño de ser como usted.

Practique

Los niños pequeños también aprenden bien mediante la acción. Deles oportunidades de intentar decir y practicar cada paso de la destreza social que les esté enseñando (en el próximo capítulo, obtendrá más información sobre cómo hacer que la práctica sea eficaz y divertida para los niños).

Cómo Usar Cuadros de Méritos para Motivar a sus Hijos

Los cuadros de méritos pueden ser un excelente recurso para motivar a los niños a aprender nuevos comportamientos. A muchos padres les gusta idear cuadros creativos para sus hijos. Algunos de los diseños más creativos son de los mismos niños. A los más pequeños, en particular, les encanta tomar los crayones y hacer cuadros coloridos. Esta es una manera positiva de hacer que su hijo participe en el proceso y le da a usted más oportunidades para elogiar.

> En los Estados Unidos, hay más de 30,000 partos múltiples al año.

Los cuadros de méritos que encontrará al final de este capítulo están dirigidos a enseñar ciertos comportamientos, pero puede adaptarlos para otros comportamientos o crear los suyos propios. Las recompensas incluidas en cada cuadro son sugerencias; quizá prefiera usar otras que motiven más a su hijo. Consulte el Capítulo 5 para obtener más información acerca de las consecuencias positivas que ayudan a motivar a su hijo.

En Resumen

Son muchas las responsabilidades de enseñanza que recaen en los hombros de los padres. Depende de usted asegurarse de que sus hijos sepan seguir instrucciones, esperar a que sea su turno, pedir ayuda, llevarse bien con los demás, mostrar respeto y que les vaya bien en la escuela, por nombrar solo algunas de las áreas en las que los niños necesitan aprender lo que deben hacer.

La tarea de preparar a nuestros hijos para que tengan éxito (tanto ahora como en el resto de su vida) puede parecer abrumadora. Sin embargo, tal como ocurre con la mayoría de las tareas difíciles, se puede dividir en partes más pequeñas y manejables. Por supuesto que somos responsables de enseñar a nuestros hijos todo lo que necesitan saber. Pero combinar la idea de enseñar destrezas sociales con las destrezas de crianza que este libro ofrece (por ejemplo, *Elogios Eficaces, Instrucción Preventiva* e *Instrucción Correctiva*) le facilitará la tarea.

Estamos seguros de que a medida que su hijo y usted comiencen a tener resultados positivos, sentirá que enseñarle destrezas sociales le dará esperanza sobre su futuro y satisfacción por ser su primer y más importante maestro. Recuerde que impartir enseñanza a nuestros hijos no es sólo una responsabilidad, sino una oportunidad maravillosa.

La Hora de Dormir

La hora de acostarse durante la semana es a las 8:30 p. m.

LUNES	MARTES	MIÉRCOLES

JUEVES	VIERNES

Cada noche que voy directo a la cama y me quedo allí, me gano una calcomanía para poner en el cuadro de méritos. A la mañana, puedo usar mi calcomanía para que me den un bocadillo especial en el desayuno. Si reuní al menos cuatro calcomanías, puedo quedarme levantado hasta las 9:00 p. m. con mis padres los fines de semana.

Bloques de Construcción para un Mejor Comportamiento

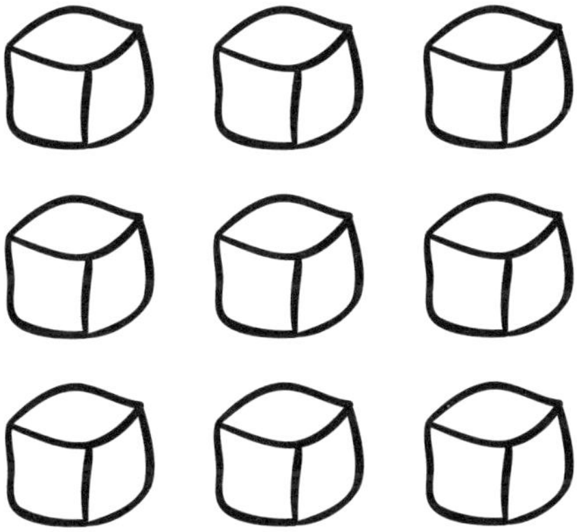

Cada vez que mi mamá me ve jugando con mi hermana sin pelearnos, puedo colorear un bloque. Cuando llego a los tres bloques coloreados, me gano una recompensa.

Comportamiento por la mañana: jugar con mi hermana sin pelearnos.
Recompensa: mamá me lee un libro.

Comportamiento por la tarde: jugar con mi hermana sin pelearnos.
Recompensa: puedo ver un video.

Comportamiento por la noche: jugar con mi hermana sin pelearnos.
Recompensa: puedo jugar a la pelota con papá.

Premios con Pelotas de Playa

Cada día que recojo mis juguetes, puedo pintar una pelota de playa. Cada día que coloreo una pelota, juego con mamá o papá durante quince minutos.

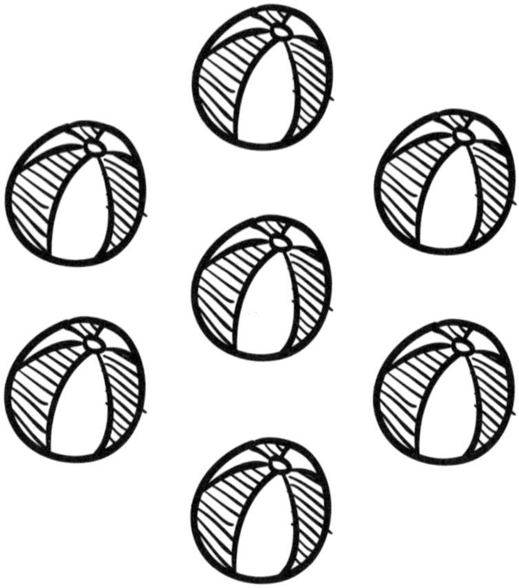

Premios al Final de la Semana

* **Cinco pelotas coloreadas:** paso un tiempo especial con mamá o papá.
* **Seis pelotas coloreadas:** vienen amigos a jugar a casa el sábado.
* **Siete pelotas coloreadas:** elijo una comida especial para la cena del domingo.

Mis Estrellas de la Mañana

	Vestirse	Hacer la Cama	Desayunar	Cepillarse los Dientes	Prepararse para Salir a Tiempo
Lu.					
Ma.					
Mi.					
Ju.					
Vi.					
Sá.					
Do.					

- **Tres estrellas:** puedo comer algo especial que me guste y jugar al aire libre durante 10 minutos más o usar un vaso especial en la cena.
- **Cuatro estrellas o más:** me voy a dormir quince minutos más tarde, llamo por teléfono a la abuela o al abuelo o juego con mamá o papá.

Calendario para Aprender a Usar el Baño

	Mañana	Tarde	Noche
Lu.			
Ma.			
Mi.			
Ju.			
Vi.			
Sá.			
Do.			

Puedo ganar tres caras felices por día por usar el baño.

* **Una Cara Feliz:** me llevan a caballito a la cama.
* **Dos Caras Felices:** un paseo a caballito y un paseo en bicicleta.
* **Tres Caras Felices:** un juego que yo elija, un paseo a caballito y un paseo en bicicleta.

9

Mejor Prevenir

Enseñar Antes de que Ocurran los Problemas

Ya hemos mencionado que la enseñanza es una de las responsabilidades más importantes que tenemos como padres. Sin nuestras enseñanzas, nuestros hijos no adquirirían las destrezas que necesitan para convertirse en adultos exitosos y responsables. En este capítulo, analizaremos los métodos útiles para prevenir problemas y convertirnos en maestros más proactivos.

Piense en todas las lecciones que les enseñamos a nuestros hijos, desde cómo usar una cuchara hasta cómo ser buenos amigos. Casi todo lo que aprenden los niños, lo aprenden de sus padres. Esto incluye las destrezas sociales, académicas, espirituales, para ser independientes y para tener una vida saludable, las cuales preparan el camino para tener una vida exitosa. Aquí incluimos algunos ejemplos de cada destreza:

Destrezas Sociales: Mantener la calma, llevarse bien con los demás, hacer amigos,

	compartir, escuchar, decir *"Por favor"* y *"Gracias"*, jugar, etc.
Destrezas Académicas:	Leer, deletrear, contar, organizar, hacer preguntas, pedir ayuda, etc.
Destrezas Espirituales:	Rezar, sentarse en silencio durante el servicio religioso, ayudar a otros, etc.
Destrezas para ser independiente:	Juntar la ropa para lavar, ayudar En la casa, limpiar, destrezas de seguridad, etc.
Destrezas para tener una vida sana:	Cepillarse los dientes, lavarse las manos, destrezas de higiene, etc.

La enseñanza de estas destrezas es una oportunidad maravillosa de moldear la vida de sus hijos para que sean felices y exitosas. En este capítulo, usted aprenderá una destreza de crianza que se puede emplear para enseñarles a sus hijos algunas de las lecciones de vida fundamentales que necesitan aprender. Esta destreza se llama *Instrucción Preventiva. La Instrucción Preventiva* consiste en **enseñarles a sus hijos lo que deben hacer en una situación futura y practicarla por anticipado.**

La *Instrucción Preventiva* consta de cuatro pasos. Ellos son:

1. Indicar el comportamiento deseado mediante La Imagen y la Palabra.
2. Dar una razón.
3. Practicar.
4. Mostrar aprobación.

(Estos pasos se explicarán en detalle más adelante en este capítulo).

La *Instrucción Preventiva* se puede aplicar para enseñar casi todo, incluso las destrezas mencionadas anteriormente. La clave es utilizarla en el momento adecuado para que dé mejores resultados.

Cuándo Usar la Instrucción Preventiva

Muchos padres pasan la mayor parte de su tiempo reaccionando ante el comportamiento de sus hijos, y a menudo se enfocan solo en los comportamientos negativos. Lo invitamos a tener una actitud proactiva al educar a sus hijos, a anticipar lo que deben decir o hacer en una situación (en especial en situaciones en que puedan tener comportamientos negativos) antes de que esa situación se presente.

Con esto en mente, la *Instrucción Preventiva* se centra en prevenir comportamientos negativos y en enseñar a los niños comportamientos nuevos o alternativos antes de que llegue el momento de utilizarlos. La *Instrucción Preventiva* nos ayuda a preparar a los niños para el éxito, a prevenir problemas y a enseñar a los niños a que tomen buenas decisiones.

Recuerde usar la *Instrucción Preventiva* cuando los niños estén prestando atención, cuando no se sientan cansados o malhumorados y cuando no los estén corrigiendo por haberse portado mal. Identifique las destrezas que sus hijos necesitan aprender y luego, aplique la *Instrucción Preventiva* para enseñarles a dominarlas.

En general, hay dos tipos de situaciones en las que la *Instrucción Preventiva* es más útil: **antes de situaciones nuevas** y **antes de situaciones en las que el niño ha tenido dificultades anteriormente.**

Antes de situaciones nuevas: su hijo pronto se enfrentará a una situación nueva ante la que es posible que no sepa cómo reaccionar. Esta situación puede ser ir a una nueva guardería o al preescolar, tener una nueva niñera, aprender rutinas o tareas nuevas, conocer amigos nuevos, ir a lugares nuevos, etc. Dado que estas situaciones no son familiares, la mayoría de los niños no saben qué se espera que hagan o qué es lo apropiado. En lugar de dejar que se arreglen por su cuenta, puede usar la *Instrucción Preventiva* para enseñarles a manejar la situación con éxito.

> "En términos automovilísticos, el niño proporciona la potencia, pero los padres tienen que encargarse de la dirección".
>
> — *Benjamin Spock*

Por ejemplo, si su hija de cinco años va a ir a la fiesta de cumpleaños de una amiga, donde habrá niños que no conoce, puede hacer que practique cómo decir *"Hola"* o cómo presentarse. Use enunciados breves, claros y específicos. Podría decirle: *"Cuando no conoces a alguien, puedes caminar hacia ella y decirle 'Hola, me llamo Abril'. Luego, le preguntas el nombre si no te lo dijo antes. Esto te ayudará a hacer amigos. ¿De acuerdo? ¿Por qué no haces de cuenta que soy una niña que no conoces y me dices tu nombre?* (la hija lo hace bien).

¡Grandioso! Practicaste muy bien". Luego, puede darle un abrazo por haber tenido una práctica tan buena.

Como siempre, elija para enseñar destrezas y comportamientos acordes a la edad y al nivel de desarrollo del niño. Si bien con un niño de cinco años podría trabajar en una destreza más compleja, como saludar a alguien, en el caso de un niño más pequeño, sería más apropiado elegir destrezas más simples, como decir *"Por favor"*.

Antes de situaciones en las que su hijo haya tenido dificultades en el pasado: sus hijos tienen pocos recuerdos y limitadas experiencias de vida. Por ello, puede resultarles difícil aprender de los errores del pasado. Pueden habituarse fácilmente a cometer los mismos errores una y otra vez. A menos que aprendan una manera diferente de manejar estas situaciones, es probable que continúen repitiendo estos malos comportamientos. La *Instrucción Preventiva* puede ayudar a cambiar esta tendencia.

Por ejemplo, si a los niños les cuesta aceptar un *"No"* como respuesta, se puede recurrir a la *Instrucción Preventiva* antes de la próxima vez que pidan algo. Si a los niños les cuesta prepararse para salir por la mañana, se puede usar la *Instrucción Preventiva* para ayudarlos a adquirir una nueva rutina matinal. En el caso de niños que tengan dificultades para jugar con otros, se puede aplicar la *Instrucción Preventiva* antes de que vayan al preescolar o salgan a jugar.

La *Instrucción Preventiva* también permite a los padres planificar mejor la enseñanza a sus hijos. Les ofrece un método sistemático para enseñar a sus hijos rutinas, expectativas y nuevas destrezas, además de cómo tomar buenas decisiones. Cada vez que usa la *Instrucción Preventiva*, aumenta la probabilidad de que su hijo tenga éxito. Veamos detalladamente los pasos de la *Instrucción Preventiva*.

Pasos de la Instrucción Preventiva

Como hemos dicho anteriormente, la *Instrucción Preventiva* tiene cuatro pasos: **Indicar el comportamiento deseado mediante la imagen y la Palabra, Dar una Razón, Practicar** y **Mostrar aprobación.** Ya hemos hablado de la *Imagen y la Palabra* (en el Capítulo 4), de dar razones y de mostrar aprobación (en el Capítulo 7, donde se explican los *Elogios Eficaces*), por lo que en este capítulo sólo agregamos un paso nuevo: la **práctica**.

Así funcionan los cuatro pasos:

1. Indicar el comportamiento deseado mediante La Imagen y la Palabra

En la *Instrucción Preventiva*, se utiliza *La Imagen y la Palabra* para indicarles con claridad a los niños lo que usted quiere que hagan. *La Imagen y la Palabra* se puede utilizar para enseñar nuevas destrezas, nuevas rutinas o cualquier otra cosa que quiera enseñarle a su hijo. Sólo recuerde ser breve y específico. Cuanto más clara sea la enseñanza, más fácil será para sus hijos aprender y hacer lo que les enseñe. Es posible que, las primeras veces que le enseñe algo nuevo o difícil a su hijo, deba mostrárselo o ayudarlo.

Ejemplo: *"Maria, cuando quieras más fruta, sólo di 'Más fruta, por favor'".*

2. Dar una razón

> "Nada de lo que se hace por los hijos se desperdicia".
>
> *– Garrison Keillor*

Las razones les enseñan a los niños lo que es probable que suceda cuando tienen ciertos comportamientos. Deben ser adecuadas para la edad, relacionarse con el punto de vista o comprensión del niño y ser realistas, breves y positivas. Las razones para niños pueden alentarlos repetir el comportamiento con mayor frecuencia en el futuro.

Ejemplo: *"Cuando pides 'Por favor' es más probable que consigas el bocadillo especial que quieres".*

3. Practicar

Piense en algo en lo que usted sea hábil. Puede ser su trabajo, una tarea de crianza, conducir un auto, un deporte o pasatiempo, tocar un instrumento musical, etc. ¿Recuerda cuando comenzó a realizar esa actividad o tarea? Los más probable es que no haya mostrado mucha destreza las primeras veces. En realidad, es posible que haya necesitado semanas o meses para dominar esa actividad o tarea. Pero, cuanto más practicaba, mayor era su destreza y su confianza. Ahora, probablemente realice esa actividad o tarea casi sin pensarlo. Es muy probable que así sea si tuvo a una persona con conocimientos y destrezas suficientes que lo haya ayudado a practicar. Queremos que nuestros hijos obtengan los mismos beneficios de la práctica.

Muchas de las cosas que quiere que sus hijos dominen con destreza son nuevas o difíciles para ellos. Desde la perspectiva de un niño, mantener la calma, aceptar respuestas *negativas*, seguir instrucciones, hacer la cama, venir cuando lo llaman, limpiar su habitación y compartir con otros son tareas difíciles. Sin embargo, con un poco de práctica, su apoyo y aliento, su hijo puede comenzar a mostrar avances en estas áreas.

Hacer que los niños pequeños practiquen e intenten cosas nuevas es, por lo general, fácil. A menudo, están deseosos de complacer a sus padres y, casi siempre, tienen buena voluntad para aprender cosas nuevas. La práctica es aún más fácil cuando se la hace divertida; para que sea así, se puede recurrir a simular, jugar o usar situaciones reales. Veamos cada uno de estos recursos:

* **Imaginar:** los niños pequeños les encanta "hacer de cuenta". La simulación puede ser una manera sencilla de hacer que intenten algo nuevo. Simular que el teléfono está sonando para que el niño practique atenderlo, que sus dedos son velas que su hijo puede soplar para ayudarlo a calmarse, que es alguien que su hijo no conoce para que aprenda a no acercarse a los desconocidos o que es hora de ir a dormir para practicar

una nueva rutina para la hora de acostarse; todas son maneras de practicar con su hijo.

> "Nunca hubo un niño tan adorable, pero su madre se alegraba cuando se dormía".
>
> — *Ralph Waldo Emerson*

* **Jugar:** a los niños pequeños casi siempre los entusiasma jugar. Los padres pueden usar juegos para que los niños practiquen nuevas destrezas mientras se divierten. Como ejemplos, podemos citar "¿Puedo Mamá?" para practicar pedir permiso, "Simón Dice" para practicar seguir instrucciones, hacer una carrera contra el reloj para ver quién se prepara más rápido para ir a dormir o el "Juego de las Sillas" para practicar cómo aceptar con calma perder o decepcionarse.

* **Usar Situaciones Reales:** usar situaciones reales es una manera maravillosa de hacer que los niños practiquen. Esto implica enseñar antes de que ocurra la situación real o ayudar al niño durante una situación real. Por ejemplo, en lugar de limitarse a decir a sus hijos cómo limpiar sus habitaciones, podría trabajar con ellos para mostrarles dónde poner las cosas. Otro ejemplo podría ser enseñar a su hijo a seguir instrucciones justo antes de pedirle que haga algo.

4. Mostrar aprobación

Significa mostrar a sus hijos que los aprecia y que también aprecia sus esfuerzos por aprender. Como dijimos anteriormente, la aprobación se puede mostrar mediante sonrisas, guiños, caricias, abrazos o palabras positivas. Es importante hacer saber a sus hijos que han practicado bien y alentarlos a hacer, en la realidad, lo que les ha enseñado. Enseñar a los niños a ser exitosos debe ser una experiencia positiva tanto para los padres como para los hijos. Muestre su aprobación para que su hijo espere deseoso que le enseñe más cosas en el futuro.

Ejemplo: *"¡Así se hace! ¡Dijiste 'por favor' cuando pediste más fruta! ¡Papá está muy orgulloso de ti!".*

Ahora que ha leído todos los pasos de la *Instrucción Preventiva*, quizás esté pensando: "Suena muy bien, pero ¿cuándo voy a tener tiempo de usarla?". La respuesta es que en realidad la *Instrucción Preventiva* no toma mucho tiempo. Lea el siguiente ejemplo en el que se enseña la destreza de *Seguir Instrucciones* y vea lo rápido que puede hacerse.

Ejemplo

1. **Indicar el comportamiento deseado mediante La Imagen y la Palabra.**
   - Dele un nombre a la destreza.
   - Describa los pasos necesarios para la destreza o el comportamiento de manera específica.
   - Sea breve.

   "Clara, cuando mamá o papá te pidan que hagas algo, quiero que digas 'De acuerdo' y lo hagas enseguida".

2. **Dar una razón.**
   - Que sea apropiada para el nivel de desarrollo del niño.
   - Sea breve.

   "De esa manera, ya queda hecho y puedes volver a jugar".

3. **Practicar.**
   - Recurra a la simulación, a juegos o una situación real.
   - Haga que el niño practique lo que le enseñaron.
   - Sea breve.

   "Hagamos de cuenta que te pedí que guardaras los zapatos. Di 'de acuerdo' y muéstrame qué tan rápido puedes hacerlo. Preparados... listos... ¡ya!" (la niña sigue la instrucción del padre o la madre).

4. **Mostrar aprobación.**
   - Use palabras elogiosas y alentadoras.
   - Incluya sonrisas, caricias, abrazos, etc.

   "Clara, ¡eso estuvo fantástico! Guardaste los zapatos muy rápido y además recordaste decir 'De acuerdo' (el padre o madre la abraza). *Después practicaremos un poco más".*

La *Instrucción Preventiva* realmente ofrece un método rápido y sistemático para enseñar a los niños a tener éxito o hacer cambios positivos en áreas en las que han tenido problemas en el pasado. Una vez que sus hijos aprendan las lecciones que les está enseñando, pasará menos tiempo lidiando con problemas de comportamiento. Use la *Instrucción Preventiva* con frecuencia para enseñar muchos comportamientos y destrezas diferentes. Puede ser un método muy poderoso y eficaz para ayudar a sus hijos a tener éxito en muchas situaciones diferentes.

Enseñar a los Niños a Conservar la Calma

De todas las destrezas que puede enseñar a sus hijos mediante la *Instrucción Preventiva*, conservar la calma puede ser la más importante. A los niños pequeños les cuesta manejar sus emociones o comprender las emociones de otras personas. Todavía no han aprendido a identificar los sentimientos ni a hablar de ellos y, a menudo, carecen de la experiencia necesaria para tomar buenas decisiones. Para los niños pequeños es especialmente difícil mantener la calma cuando están frustrados o enojados. Cuando surgen estas emociones, pueden reaccionar de diferentes maneras. Pueden volverse muy agresivos e hirientes, pasivos y silenciosos, o tristes y llorosos. Estos tipos de comportamientos crean situaciones que pueden ser desagradables y frustrantes tanto para los hijos como para los padres.

Al momento de lidiar con rabietas, actos desafiantes u otros comportamientos fuera de control, la prevención es el mejor método. Los niños que tienen muchas oportunidades de aprender a controlar sus emociones porque lo practican estando tranquilos tienen mayores probabilidades de saber qué hacer cuando se alteran.

> "Los niños tienen mayor necesidad de modelos que de críticos".
>
> – *Carolyn Coats*

Es difícil enseñar algo cuando los niños están molestos o malhumorados. Por esa razón, los padres deben aplicar la *Instrucción Preventiva* con constancia cuando sus hijos están tranquilos y dispuestos a escuchar y aprender. Enseñar y practicar métodos para calmarse durante estos momentos "neutros" permite a los padres preparar a sus hijos para situaciones en las cuales las emociones se pueden salir de control. Entonces, cuando se produce una situación de mucha emoción, los padres pueden modelar el comportamiento que quieren que sus hijos tengan y recordarles cómo practicaron conservar la calma.

Algunos métodos eficaces para calmarse son simplemente contar hasta cinco o diez o respirar profundo. Estas también son buenas técnicas para los padres. Otro método útil es elegir un lugar al que el niño vaya cuando se enoje. Simplemente dígale al niño que vaya al "lugar para calmarse" (asegúrese de que pueda vigilar al niño cuando se encuentre en ese lugar). O su hijo puede ir a buscar un juguete, una almohada o una manta favorita. Muchas veces, estos objetos ayudan a calmar a los niños y ofrecen la comodidad de tener un objeto que ellos asocian con pensamientos agradables. Estas son técnicas que pueden practicar los padres y los niños.

Algunos padres con quienes hemos trabajado han creado, incluso, un "kit para calmarse". Ponen objetos comunes en una caja o bol, y hacen que sus hijos practiquen tomar alguno de esos objetos para calmarse. Los objetos varían desde viejos juguetes para bebés o sonajeros hasta una pelota de felpa, fotografías familiares o imágenes recortadas de una revista.

Elaborar un plan para ayudar a los niños a conservar la calma tiene muchos otros beneficios para ellos. Al trabajar junto con sus padres, desarrollan sus destrezas intelectuales, dado que se les ocurren ideas para calmarse. Durante la práctica, mejoran sus destrezas emocionales mediante la simulación de situaciones que los ayudan a entender sus emociones y las de los demás.

Recuerde que sus hijos no pueden aprender ni usar estas estrategias por sí mismos. Depende de usted servirles de modelo, enseñarles y practicar con ellos de manera anticipada y ayudarlos a usar estos métodos para calmarse cuando estén molestos.

Sugerencias Útiles

Aquí figuran algunas cosas a tener en cuenta al utilizar la *Instrucción Preventiva.*

Enseñe en un momento neutro

No puede enseñarles mucho a sus hijos, a menos que presten atención a lo que usted diga o haga. Su enseñanza tampoco será muy eficaz si está distraído con otros asuntos. La

Instrucción Preventiva funciona mejor cuando se la utiliza en un momento no conflictivo, cuando los padres y los niños están tranquilos y no se encuentran ocupados o distraídos.

Enseñe antes de que se produzcan los problemas

Es probable que usar la *Instrucción Preventiva* en el medio de un problema no de resultado. Los niños que tienen más oportunidades de aprender destrezas practicándolas con frecuencia y anticipación a las situaciones difíciles tendrán más posibilidades de saber qué hacer en varios tipos de situaciones. Use la *Instrucción Preventiva* para preparar a sus hijos para alcanzar el éxito y es probable que en el futuro tenga que solucionar menos problemas de comportamiento.

Enseñe lo positivo

Enseñe a los niños lo que deben hacer. Aplique los pasos de la *Instrucción Preventiva* (describa el comportamiento positivo con *La Imagen y la Palabra*, Dé una razón, hágalos Practicar y Mostrar aprobación) para enseñarles a sus hijos comportamientos que usted quiere que tengan.

Sea breve

Recuerde que cuanto más hable, menos lo escucharán sus hijos. Enséñeles, practique y estimúlelos con oraciones breves. Por ejemplo: *"Para calmarte, respira profundo. Ahora siéntate. Luego pide ayuda".*

Enseñe con frecuencia

Por lo general, los niños pequeños no aprenden con un solo ensayo. Muchas destrezas y tareas, incluso algunas sencillas, son difíciles al principio para ellos. Puede llevarle tiempo a su hijo desarrollar una destreza en cierta área. Tenga paciencia y dele el tiempo que necesite. En algunos casos, que dependerán del niño y de sus destrezas, es posible que deba usar la *Instrucción Preventiva* varios días seguidos para que se noten sus progresos. Emplear juegos, libros, indicaciones verbales, calcomanías y otros pequeños recordatorios pueden ser buenos recursos para mantener el interés de su hijo pequeño en trabajar en la destreza que quiere que aprenda con el tiempo. Recuerde ser paciente y perseverante.

Dé razones

A menudo, hay mayores probabilidades de que los niños intenten cosas nuevas cuando comprenden por qué deberían hacerlo. Usar "razones para niños" mientras aplica la *Instrucción Preventiva* puede ayudar a sus hijos a comprender cómo los beneficia hacer lo que les está enseñando. Por ejemplo, ¿qué buenas razones hay para que los niños pequeños vean que aprender a calmarse puede traerles beneficios? Una podría ser: *"Cuando te calmes es más probable que escuche lo que dices"*. Otra razón podría ser: *"Cuanto antes hagas silencio y te calmes, más rápido podrás volver a hacer las cosas divertidas que te gustan"*.

Practique

Ya hemos analizado por qué es importante hacer que los niños practiquen las nuevas destrezas. Sin embargo, no nos cansaremos de repetirlo. Los niños son mucho más propensos a recordar las cosas que realmente han hecho que las cosas que solo les han dicho que hagan. Por ejemplo, cuando las escuelas hacen simulacros de incendio con los niños, no solo les dicen qué hacer, sino que también practican cómo actuar en esa situación. Necesitan saber cómo se sienten al atravesar distintas experiencias y seguir cada paso de las destrezas hasta sentirse cómodos con ellas. La práctica permite a los niños usar todas sus destrezas de desarrollo para aprender y recordar lo que les ha enseñado.

En Resumen

A menudo, los padres nos dicen que se cansan de corregir a sus hijos. *"Parezco un disco rayado",* cuentan. *"Da la impresión de que siempre estoy diciendo 'No hagas esto'* o *'Deja de hacer eso'. ¿Y saben qué? Creo que mis hijos ya ni me escuchan".*

Usar la *Instrucción Preventiva* puede ser útil para deshacerse de ese disco rayado. Al aplicar la *Instrucción Preventiva*, ayuda a sus hijos a saber qué hacer en situaciones nuevas y los prepara para situaciones que les resultaron difíciles en el pasado. En pocas palabras, está ayudando a sus hijos a tener éxito y evitando la frustración de tener que hacer correcciones que, a veces, son ignoradas o no tienen eficacia.

La *Instrucción Preventiva* tiene otro beneficio importante: permite que usted y sus hijos pasen tiempo juntos. Dedicar tiempo a estar con sus hijos y mostrarles que le importan mediante la enseñanza ayuda a mejorar las relaciones, lo cual beneficia a toda la familia.

Preguntas Frecuentes acerca de **la Instrucción Preventiva**

P **"Mi hijo de cinco años piensa que practicar es un juego. ¿Está bien que piense que estamos jugando?"**

R A veces, practicar es una parte divertida de la *Instrucción Preventiva* y puede parecerse a un juego. Los niños aprenden muchas lecciones durante el juego. Si la destreza que está enseñando es sobre un asunto de gravedad, haga que la práctica sea realista (por ejemplo, decir *"No"* a desconocidos). Para cuestiones no tan serias, diviértase mientras practica destrezas con su hijo. Cuando tenga lugar una situación real, no olvide indicarle que use esa destreza que han practicado y recuérdele que la use justo antes de una situación en la cual debería emplearla.

P **¿Qué hago si uso la *Instrucción Preventiva* y mi hijo continúa comportándose mal?"**

R Es posible que deba mejorar la manera en que aplica la *Instrucción Preventiva* o aumentar la cantidad de veces que practica una destreza con su hijo. La mayoría de los niños no aprenden la primera vez que se les enseña algo. Continúe aplicando la *Instrucción Preventiva* y utilice los *Elogios Eficaces* y las consecuencias positivas para estimular el comportamiento que le haya enseñado. Si el niño sigue comportándose mal, utilice la *Instrucción Correctiva* (Capítulo 11).

P **"Si mi hijo no quiere practicar, ¿debo obligarlo?"**

R No. Si su hijo se resiste, posponga la práctica para más tarde. Pero asegúrese de practicar poco después o su hijo comenzará a evitar las prácticas con frecuencia. Espere a encontrar un momento no conflictivo en el que esté tranquilo y quiera estar con usted. ¡Aproveche esta nueva oportunidad para practicar!

P **"¿Puedo usar la *Instrucción Preventiva* para ayudar a mi hija a aprender lo que debe hacer en las situaciones graves a las que pueda verse expuesta?".**

R Sin dudas. Muéstrele y dígale lo que debe decir o hacer en esas situaciones. Hágale saber qué adultos la ayudarán y cómo pedir ayuda. Como padres, intentamos preparar a nuestros hijos para enfrentar experiencias positivas y negativas. Queremos que sean conscientes de cómo reaccionar y cómo prevenir problemas graves en el futuro. Mediante la *Instrucción Preventiva*, se pueden enseñar con eficacia diversas cuestiones, como el peligro que representan las personas desconocidas, la seguridad en el patio de juegos y otras precauciones.

P **"¿Cuándo debería comenzar a usar la *Instrucción Preventiva* con mi hijo pequeño?"**

R Tan pronto como su hijo sea capaz de comprender lo que usted está intentando enseñarle y pueda seguir los pasos que le describa.

10

¡Tomémonos un Descanso!

Cuándo y Cómo Usar el Tiempo Quieto

Una de las consecuencias más eficaces a las que pueden recurrir los padres cuando sus hijos pequeños se comportan mal es el Tiempo Quieto. El proceso del Tiempo Quieto consiste en separar a su hijo de lo que le gusta hacer, durante un corto tiempo, inmediatamente después del mal comportamiento. Es una manera de disciplinar sin levantar la voz ni la mano. El Tiempo Quieto es simplemente hacer que su hijo se siente en un lugar sin hacer ruido durante una determinada cantidad de tiempo.

También se puede definir al Tiempo Quieto como lo contrario de lo que llamamos Tiempo de Inclusión. El Tiempo de Inclusión es el tiempo que los niños pequeños pasan haciendo cosas divertidas y agradables, como jugar con los padres, colorear, dibujar, leer, ver la televisión, jugar con juguetes o hacer cualquier actividad que les guste. El Tiempo de Inclusión hace referencia a todas las "cosas buenas" en la vida de un niño. Gran parte de ese disfrute proviene de estar cerca de usted, en especial cuando usted se propone mostrarle afecto, elogiarlo por su buen comportamiento y reconfortarlo. El Tiempo Quieto es una consecuencia muy poderosa porque el Tiempo de Inclusión es muy importante para el niño.

El Tiempo Quieto es como los castigos para los jugadores de hockey sobre hielo. Cuando un jugador hace algo malo, se le exige ir a la zona de castigo durante determinada cantidad de tiempo. El árbitro no grita, no amenaza ni golpea al jugador. Se limita a hacer sonar el silbato e indicar el área de castigo. Durante el tiempo que dura el castigo, al jugador no se le permite jugar, sólo mirar. El Tiempo Quieto fastidia a los jugadores de hockey porque prefieren jugar antes que mirar. Tenga presente esta comparación con el hockey cuando use el Tiempo Quieto con su hijo. Esta consecuencia da buenos resultados porque los niños prefieren jugar y hacer cosas que les gustan a "quedarse sentados".

Los pasos del Tiempo Quieto son simples y breves:

1. Describir el comportamiento problemático.
2. Enviar o llevar al niño al Tiempo Quieto.
3. Darle tiempo al niño para que se calme.
4. Ajustar el cronómetro.
5. Decirle al niño cuándo ha terminado el Tiempo Quieto.

Instrucción Preventiva para el Tiempo Quieto

En un momento en el que su hijo no se esté comportando mal, explíquele con un lenguaje simple qué es el Tiempo Quieto, para qué problemas de comportamiento se usará y cuánto durará. Practique usar el Tiempo Quieto con el niño antes de usarlo como consecuencia. Verá que varios ensayos pueden ayudar a que salga mejor cuando lo use de verdad.

Durante la práctica, recuérdele a su hijo que están "simulando" en esa ocasión. Es posible que sea necesario enseñar de a uno o dos pasos solamente. Enseñar uno o dos pasos, en lugar de todos juntos de una sola vez, puede ayudar a que el niño comprenda con claridad cómo funciona el Tiempo Quieto.

Intente que el ejercicio de práctica no parezca una tarea doméstica o un sermón. Los niños no escuchan si creen que algo es aburrido o es trabajo. Se puede usar un animal de peluche, una muñeca o muñecos coleccionables para que la enseñanza sea más interesante. Su hijo puede hacer de cuenta que el juguete es un niño que debe cumplir con su Tiempo Quieto. Después de haberle descrito el proceso, ayúdelo a que le muestre y le diga cómo es cada paso.

Cuando el Tiempo Quieto No Funciona

Habrá ocasiones, en especial cuando comience a usar el Tiempo Quieto como consecuencia, en las que su hijo no querrá cooperar. En esta sección, trataremos algunas situaciones comunes en las que los niños no quieren seguir las reglas del Tiempo Quieto y lo que usted puede hacer en esos casos.

Si su hijo se comporta mal mientras cumple con el Tiempo Quieto, no diga nada e ignore todo lo que no presente riesgos para él, para usted u otras personas y para los muebles. La mayoría de los comportamientos negativos que se producen cuando los niños están en Tiempo Quieto son intentos de hacer que los padres reaccionen y digan algo, sin importar qué. Es posible que su hijo lloriquee, grite, se queje, arroje objetos o haga un gran lío. Es posible que haga comentarios poco amables acerca de sus destrezas de crianza o diga que ya no lo quiere más. Este último es quizás el ataque más cruel de todos y, por lo tanto, el más difícil de ignorar. No se preocupe. Su hijo volverá a sentir el cariño que tiene hacia usted cuando termine el Tiempo Quieto.

A los 18 meses, aproximadamente, los niños se dan cuenta de que la pelota que hicieron rodar bajo el sofá saldrá por el otro lado.

Si el niño trata de abandonar el lugar de Tiempo Quieto antes de que se acabe el tiempo, puede ser que esté intentando llamar la atención, puede ser un signo de que, por su desarrollo, aún no está listo para el Tiempo Quieto o que realmente necesita tiempo para calmarse. En cada caso, los padres deben usar su criterio para decidir cómo ayudar a sus hijos a sobrellevar el Tiempo Quieto.

Por ejemplo, si su hijo abandona el lugar donde cumple Tiempo Quieto para captar su atención, no diga absolutamente nada; sólo siga haciéndolo regresar con calma a ese lugar. Si usted necesita interrumpir el Tiempo Quieto por responsabilidades más urgentes, explique a su hijo lo que ocurre y qué sucederá después. Este podría ser un buen momento para usar el Tiempo Quieto móvil, que se explica más adelante en esta sección.

A menudo, los niños pequeños dejan el lugar donde cumplen con el Tiempo Quieto porque, por su desarrollo, aún no están listos para cumplirlo y creen que es un juego. Si el Tiempo Quieto no funciona, recurra a consecuencias más pequeñas, como rehacer, desahacer y redirigir. (consulte el Capítulo 5). Estas consecuencias sólo llevan unos pocos segundos y pueden mantener la atención de un niño pequeño. De hecho, estas consecuencias más pequeñas pueden prepararlos para consecuencias más importantes, como el Tiempo Quieto, la pérdida de un privilegio o asignarles una nueva tarea doméstica.

Es posible que los niños abandonen reiteradamente el lugar donde cumplen con el Tiempo Quieto porque están demasiado molestos para controlarse. Los padres deben darle tiempo al niño para que se calme antes de intentar volver a comenzar el Tiempo Quieto.

Al principio, puede que note que cuanto más controlado y natural se muestre al usar el Tiempo Quieto, más agitados y descontrolados se ponen sus hijos. En otras palabras, su comportamiento puede empeorar, en lugar de mejorar. Con algunos niños, esta reacción creciente forma parte de cómo deben desaprender ciertos comportamientos problemáticos. Serán necesarias su paciencia, su perseverancia y su capacidad de mantener la calma para que la familia vuelva a la normalidad.

Quizá lo mejor que se puede hacer cuando los niños lloran o tienen una rabieta es asegurarse de que no estén en peligro y mantener una distancia segura. Los padres deben recordarles brevemente cómo usar algunos de los métodos para calmarse que se explicaron en el Capítulo 13 y comprobar cada tanto cómo van progresando en ese aspecto.

Cuando los niños pierden el dominio propio, los padres deben dejar de intentar corregirlos y, en cambio, ayudarlos a calmarse. Intente recordar que mediante la constante enseñanza, los niños finalmente aprenderán que, sin importar cuánto dure su rabieta, no evitarán el Tiempo Quieto.

Cuando su hijo esté tranquilo y en silencio, puede decirle que cumpla con el Tiempo Quieto y que va a comenzar otra vez desde cero. Si activa el cronómetro y el niño continúa abandonando el lugar donde cumple con el Tiempo Quieto o se rehúsa a terminar con su rabieta, usted puede tomar la decisión de que el comportamiento es demasiado rebelde y difícil de corregir en ese momento y comenzar con otra destreza de crianza llamada *Enseñanza del Dominio Propio* (esta destreza se explicará más adelante en este libro).

Cuando su hijo sea realmente capaz de controlar sus emociones y comportamientos, puede hacer que vuelva a cumplir con el Tiempo Quieto desde el comienzo. No permita que relacione el tener una rabieta con librarse del Tiempo Quieto. Si el niño tiene la madurez suficiente y ha demostrado que comprende cómo funciona el Tiempo Quieto, los padres pueden hacer que vuelva a cumplirlo cuando se haya calmado.

Sabrá que sus hijos se han calmado cuando puedan decirle que están tranquilos. Otra forma de comprobarlo es que puedan volver al lugar donde cumplen con el Tiempo Quieto sin discutir.

La paciencia es la clave para usar el Tiempo Quieto con buenos resultados. Es posible que su hijo se muestre reacio las primeras veces que esté cumpliendo con el Tiempo Quieto, pero a la larga aprenderá a aceptar sus reglas.

Cómo Usar el Tiempo Quieto Cuando no Estamos en Casa

Muchos padres admiten que la mitad de los comportamientos problemáticos más vergonzosos de sus hijos se producen fuera de la casa. Cuando los niños se comportan mal en público, usted debe mantener la calma y llevar rápidamente a su hijo a un lugar tranquilo y aislado donde puedan sentarse sin interferencias para cumplir con el Tiempo Quieto. Es recomendable identificar un lugar en el cual puedan tener algo de privacidad, donde el niño no se sienta avergonzado ni haya "público" (un banco en el centro de compras o el pasillo de un baño).

Algunos padres usan una lámina móvil de Tiempo Quieto. Este disco (del tamaño de un plato), que se puede hacer con papel o vinilo, se puede plegar y llevar en un bolsillo o un bolso. El pequeño disco circular tiene dos lados. En un lado hay una cara triste y tiene escrito "Tiempo Quieto", y en el otro, hay una cara sonriente. El padre o la madre ponen la cara triste hacia arriba y hacen que el niño se siente o se ponga de pie sobre ella cuando tiene que cumplir con el Tiempo Quieto. Al acabarse el tiempo, el niño le da la lámina al padre o la madre con la cara sonriente hacia arriba.

Es mejor enseñar a los niños cómo funciona la lámina antes de usarla en un Tiempo Quieto real. Este recurso para que el Tiempo Quieto sea trasladable ayuda a los niños a comprender que el Tiempo Quieto se puede y se debe cumplir aunque no estén en su casa. Es posible que algunos niños sean capaces de cumplir con el Tiempo Quieto cuando no estén en casa sin usar la lámina; en otros casos, el uso de la lámina da mejores resultados. De cualquier manera, el mensaje es el mismo: el aprendizaje es constante, y el Tiempo Quieto se debe cumplir en cualquier lugar.

Al igual que sucede en casa, usted debe decidir cuándo su hijo está lo suficientemente tranquilo y en silencio y tiene los comportamientos apropiados para completar con éxito el Tiempo Quieto. Si el niño está completamente fuera de control, puede ser que tenga que ir a otro lugar y ayudarlo a calmarse. Luego, podrá decidir si usar el Tiempo Quieto u otra consecuencia.

En Resumen

El Tiempo Quieto puede ser una consecuencia eficaz para ayudar a los niños pequeños a aprender qué comportamientos son inaceptables. Recuerde usar la *Instrucción Preventiva* para ayudar a que sus hijos sepan lo que usted espera que hagan durante el Tiempo Quieto. Tenga presente que las primeras veces que su hijo deba cumplir con el Tiempo Quieto, es posible que esta consecuencia no funcione o no dé los resultados ideales, pero con práctica y constancia, su hijo pronto aprenderá cómo funciona el proceso.

Algunas claves para lograr un mayor éxito con el Tiempo Quieto son repasar los pasos de esta consecuencia para mostrarles y decirles claramente a sus hijos lo que usted espera, y practicar esos pasos con ellos varias veces usando *Instrucción Preventiva.* Además, no olvide que las correcciones y los castigos que imponga son oportunidades de enseñanza para que su hijo pequeño aprenda a hacer lo correcto.

[1] Eisenberg, A., Murkoff, H.E. y Hathaway, S.E. (1994). ***What to expect: The toddler years*** *(Qué esperar: los años de infancia). Nueva York: Workman Publishing.*

Preguntas Frecuentes acerca del **Tiempo Quieto**

P **"¿Cuándo debería usar el Tiempo Quieto?"**

R Use el Tiempo Quieto como consecuencia con la *Instrucción Correctiva*, que explicaremos en el Capítulo 11. Inmediatamente después de un comportamiento problemático, explíquele a su hijo lo que hizo mal. Luego, llévelo al lugar donde cumplirá con el Tiempo Quieto.

Por ejemplo, podría decir: *"Debes cumplir con el Tiempo Quieto porque acabas de golpear a tu hermana".* Dígalo con calma y una sola vez. No intente razonar con su hijo ni le dé explicaciones largas.

Si su hijo se niega, llévelo usando la menor cantidad de fuerza necesaria. Por ejemplo, tómelo suavemente de la mano o la muñeca y caminen hacia el lugar donde cumplirá con el Tiempo Quieto. O álcelo en una posición tal que no mire hacia usted, para que no haya confusión entre un abrazo y el recorrido hasta el lugar del castigo. Evite prestarle mucha atención mientras lo hace cumplir con el Tiempo Quieto y no discuta, no lo amenace y no le dé nalgadas.

P "¿Cuál puede ser un lugar para cumplir el Tiempo Quieto?"

R No es necesario usar siempre el mismo lugar. Sólo asegúrese de que el lugar que elija sea cómodo para usted y seguro para el niño. Por ejemplo, usar una silla en la planta baja no es conveniente cuando el comportamiento problemático se produce en la planta alta. Lo mejor es usar una silla para adultos, pero un escalón, un reposapiés, un banco o un sofá también son buenas opciones. Asegúrese de que la zona esté bien iluminada y que no tenga objetos peligrosos. Además, cerciórese de que su hijo no pueda mirar televisión ni jugar con juguetes mientras esté cumpliendo con el Tiempo Quieto.

P "¿Cuánto debe durar el Tiempo Quieto?"

R El tiempo máximo debería ser de un minuto sin moverse ni hacer ruidos por cada año de edad que tenga su hijo. Así que si tiene un hijo de dos años, la meta debe ser dos minutos sin moverse ni hacer ruidos. Sin embargo, tenga en cuenta que cada niño es diferente; es posible que un niño de dos años sea perfectamente capaz de sentarse sin moverse ni hacer ruidos durante dos minutos, mientras que a otro le puede costar quedarse quieto durante un minuto.

A veces, es mejor establecer el tiempo de acuerdo con el nivel de desarrollo del niño que con su edad. El tiempo se puede ajustar a medida que el niño comience a comprender las reglas y sea capaz de sentarse quieto y sin hacer ruidos por períodos más largos. Este proceso puede llevar tiempo, en especial al comienzo, cuando los niños no comprenden realmente por qué necesitan estas reglas y todavía no creen que usted actúe en serio cuando las usa.

El tiempo no debe empezar a correr hasta que su hijo esté tranquilo y en silencio. El tiempo que su hijo pase llorando o con una rabieta no se cuenta como parte del Tiempo Quieto. Si el tiempo empieza a correr porque su hijo estaba tranquilo, pero luego comienza a llorar o a tener una rabieta, espere a que vuelva a calmarse antes de comenzar a contar el tiempo otra vez. No permita que su hijo deje el lugar donde cumple el Tiempo Quieto hasta que se haya calmado. Debe permanecer sentado y en silencio para poder salir del Tiempo Quieto.

Algunos programas sugieren usar cronómetros. Estos dispositivos pueden ser útiles, pero no son necesarios. Si utiliza uno, no olvide que es para recordar a los padres, y no a los niños, que el Tiempo Quieto ha finalizado. Usted es quien le dijo a su hijo que cumpliera con el Tiempo Quieto; por lo tanto, usted es quien debe decirle cuándo ha terminado.

PR

"¿Qué se considera estar quieto y sin hacer ruido?"

Es usted quien debe decidir qué es un comportamiento calmo y silencioso, y explicárselo a su hijo. Todos los niños son diferentes. Algunos niños se quedan muy quietos y silenciosos mientras permanecen en el Tiempo Quieto. A otros les es difícil sentarse sin moverse y sin hablar. Los movimientos nerviosos y las conversaciones amistosas, por lo general, cuentan como estar quieto y sin hacer ruido. Por ejemplo, si su hijo canta o habla en voz baja consigo mismo, eso cuenta como Tiempo Quieto y sin hacer ruido.

P

"¿Qué hago cuando el tiempo se haya cumplido?"

R

Cuando el período de Tiempo Quieto haya finalizado, pregúntele a su hijo: *"¿Estás listo para levantarte?"* Él debe responder *"Sí"* de una manera que usted considere aceptable antes de permitirle que se levante. Debería ser suficiente con que diga *"Sí"* o asienta con la cabeza.

P

"Cuando intento que mi hijo cumpla con el Tiempo Quieto, pierde la calma y le da una rabieta". ¿Qué debo hacer?"

R

Tenga en cuenta que el Tiempo Quieto es una consecuencia y que a su hijo no le va a gustar, en especial las primeras veces. No hay que darse por vencido. Su corrección funcionará. Déjelo tener la rabieta. Cuando se termine, vuelva a hacerlo cumplir con el Tiempo Quieto y recuérdele por qué está allí. Probablemente sea útil para usted y para su hijo practicar cómo funciona el Tiempo Quieto en un momento neutral; hágalo practicar varias veces. Además, hágale saber por qué comportamientos deberá cumplir con el Tiempo Quieto. De ese modo, sabrá qué esperar cuando se porte mal. Los niños suelen comprender por su cuenta que las rabietas no se toleran y que el Tiempo Quieto les impide hacer cosas divertidas. Si su hijo tiene rabietas frecuentes, lea el Capítulo 13 sobre la *Enseñanza del Dominio Propio.*

11

Diferenciar lo que Está Bien de lo que Está Mal

Cómo Manejar el Mal Comportamiento de su Hijo

"¡Ese juguete es mío!".

"Yo lo tomé primero, ¡suéltalo!".

"Le voy a decir a mamá".

"Eres un bebé grande y gordo!" (El niño tira un juguete y se rompe.)

"¡Mamá! ¡Mamá! ¡Mamá!" (el niño llora y grita).

¿Le suena familiar? Para los padres de niños pequeños, este tipo de riñas puede formar parte de la vida cotidiana.

En este libro, ha aprendido hasta ahora a emplear algunas herramientas maravillosas que pueden ayudarlo a prevenir comportamientos inapropiados o hacerlos menos intensos o frecuentes. Sin embargo, no existen destrezas de crianza capaces de evitar que los niños pequeños se comporten mal. Y es por eso que la destreza de la *Instrucción Correctiva* está específicamente ideada para tratar el mal comportamiento.

Esta destreza consiste en **responder al comportamiento problemático de su hijo haciendo que se detenga y enseñándole alternativas positivas y haciendo que las practique.** La *Instrucción Correctiva* combina pasos que usted ya ha aprendido para que pueda responder de manera sistemática, eficaz y con calma ante los comportamientos problemáticos de su hijo.

La *Instrucción Correctiva* consta de cinco pasos: Ellos son:

1. Indicar el comportamiento problemático mediante La Imagen y la Palabra.
2. Dar una consecuencia negativa.
3. Indicar el comportamiento deseado mediante La Imagen y la Palabra.
4. Dar una razón.
5. Practicar.

(Estos pasos se explicarán en detalle más adelante en este capítulo).

Cuándo utilizar la Instrucción Correctiva

Es mejor comenzar a usar la *Instrucción Correctiva* con los niños (de aproximadamente dos años de edad o más) cuando son capaces de comprender qué son las consecuencias.

Las enseñanzas deben ser acordes a la edad y al nivel de desarrollo del niño. En el caso de los más pequeños, es posible que deba usar instrucciones o indicaciones de una palabra y hacer que sus enseñanzas sean breves; los más grandes pueden comprender oraciones más largas y tienen un período de atención más prolongado. Además, recuerde que sus enseñanzas podrían no funcionar de inmediato o todo el tiempo. Se necesitan muchas pruebas y errores. Pero persevere y siga trabajando para mejorar sus destrezas de enseñanza.

> "Un niño es un lunático con rizos y hoyuelos".
> — *Ralph Waldo Emerson*

Seguimos alentándolo a que intente aplicar pequeñas consecuencias negativas, como rehacer, desahacer y redirigir, junto con *La Imagen y la Palabra*, para la mayoría de los comportamientos negativos más leves de sus hijos. Al utilizar la *Instrucción Correctiva*, probablemente convenga aplicar consecuencias más importantes, como el Tiempo Quieto, quitar un privilegio o agregar una tarea en el hogar, en el caso de niños que sean capaces de comprender cómo funcionan las consecuencias.

Por lo general, la *Instrucción Correctiva* tiene resultado con comportamientos problemáticos graves o frecuentes que entran en una de las siguientes tres categorías:

Los niños NO HACEN lo que DEBERÍAN HACER

Hay muchas cosas que usted quiere que sus hijos hagan: recoger sus juguetes, ponerse los calcetines y los zapatos, venir cuando los llama, sentarse tranquilos, compartir, disculparse, permanecer cerca de usted, ir a dormir cuando es la hora sin protestar y muchas otras. Cuando no hacen lo que deberían hacer, se puede usar la *Instrucción Correctiva* para enseñarles la importancia de que se comporten de acuerdo con lo que usted espera.

Los niños HACEN lo que NO DEBERÍAN HACER

Los niños pequeños son, por naturaleza, curiosos, aventureros, egoístas y de mentalidad independiente. Esto puede llevar, a menudo, a que hagan cosas que no son útiles ni aceptables. Los ejemplos pueden incluir llevar la contra, comer bocadillos a escondidas, mentir, romper cosas, tomar las pertenencias de los demás, interrumpir, meterse dentro de lugares en donde no deben entrar, insultar a los demás, etc. En situaciones como éstas, puede utilizarse la *Instrucción Correctiva* para detener el comportamiento problemático y enseñarles a los niños cómo comportarse de manera más apropiada.

Cuando los niños hacen cosas que PUEDEN SER PELIGROSAS

A veces, los niños actúan sin pensarlo bien. Esto puede conducir a situaciones en las cuales se ponen a sí mismos o a otras personas en peligro de lastimarse o de que suceda algo peor. Ejemplos de esto pueden ser cosas como tirar de la cola de un perro, tocar una estufa caliente, jugar cerca de la calle, sostener objetos cortantes, golpear o morder, arrojar cosas, etc. En estas situaciones, la prioridad es asegurarse de que todos estén a salvo y ocuparse de cualquier lastimadura que pudiera haber ocurrido. Cuidar a sus hijos y asegurarse de que ellos y los demás estén a salvo (recoger los vidrios de una ventana rota, quitar un cuchillo filoso a un niño que lo haya tomado de un cajón, quitar a un niño de la calle) también puede darle tiempo para pensar y calmarse antes de intentar corregir a los niños. Cuando ya esté tranquilo y la situación sea segura, puede comenzar a usar la *Instrucción Correctiva* para enseñar comportamientos más apropiados y seguros.

Beneficios de la Instrucción Correctiva

Es importante que los padres elijan para trabajar sólo uno o dos comportamientos problemáticos a la vez, en lugar de intentar corregir todos al mismo tiempo. Para esto sirve la *Instrucción Correctiva.* Los padres y sus hijos pueden concentrarse en trabajar con ahínco para cambiar un comportamiento que sea realmente perjudicial antes de pasar a otros. Esto no quiere decir que no pueda corregir otros malos comportamientos que surjan en el proceso. Pero cuando aparecen comportamientos problemáticos importantes, puede corregirlos sistemáticamente mediante la *Instrucción Correctiva.* De esta manera, los niños recibirán el mensaje claro de que sus padres no tolerarán ciertos comportamientos. Ponerse de acuerdo en qué corregir también ayudará a los padres a desarrollar tolerancias similares (qué se acepta y qué no) y a convenir un estilo similar de corrección de mala conducta. Para alcanzar esta meta, es necesario que los padres digan a sus hijos qué hicieron mal y cómo cambiar su comportamiento.

A continuación, analizaremos cómo aplicar la *Instrucción Correctiva* con sus hijos.

Pasos de la Instrucción Correctiva

Para aplicar la Instrucción Correctiva, se siguen pasos que usted ya aprendió en este libro, a fin de obtener un método simple y eficaz de responder sistemáticamente a los comportamientos problemáticos de los niños. A continuación, se explican los pasos de la *Instrucción Correctiva.*

1. Indicar el comportamiento problemático mediante La Imagen y la Palabra

A menudo, los niños pequeños saben cuándo han hecho algo mal. Cuando no lo indican sus propios sentimientos de culpa, la mirada o el sonido de la voz de la madre o del padre pueden dejar en claro que han cometido un error. Sin embargo, nunca debemos suponer que nuestros hijos más pequeños saben, de manera automática y con exactitud, qué han hecho mal. Debemos asegurarnos de que sepan qué queremos que cambien.

Mostrar y decir a un niño lo que ha hecho mal define con claridad el comportamiento que deseamos que modifiquen. El uso de La Imagen y la Palabra para señalar el comportamiento problemático comienza, en general, con una descripción como: *"Acabas de..."* o *"Recién te oí..."*. Luego, use palabras simples para describir el comportamiento inapropiado, tales como: *"Acabo de verte golpear a tu hermano"*.

Si no vio ni escuchó los comportamientos, aun así puede usar sus oídos y ojos para deducir lo que probablemente haya ocurrido. Por ejemplo, si dos niños se le acercan llorando por un juguete que uno de ellos tenía y el otro tomó, puede determinar qué comportamiento problemático se produjo y qué tipo de corrección requiere. En ese momento debe decidir si aplicar consecuencias simples como rehacer, desahacer o redirigir, o iniciar la *Instrucción Correctiva.* Si se trata de una conducta problemática importante que se produce con frecuencia y parece empeorar cada vez, use la *Instrucción Correctiva.*

> "No hay nada más reconfortante que el sonido de las pisadas de niños pequeños por la casa porque, en cuanto ese sonido se detiene, uno sabe que están haciendo algo que no deberían hacer".

2. Dar una consecuencia negativa

Como ya mencionamos, las consecuencias negativas como el Tiempo Quieto, la pérdida de un privilegio y el agregado de una tarea doméstica funcionan bien en la mayoría de las situaciones en las que se aplica la *Instrucción Correctiva.* Recuerde usar siempre este paso. Para aplicar una consecuencia, a menudo se comienza con las palabras *"Como hiciste...".* Esto ayuda a los niños a entender que están recibiendo una consecuencia porque se comportaron de cierta manera.

3. Indicar el comportamiento deseado mediante La Imagen y la Palabra

Cada vez que corregimos el comportamiento de nuestros hijos, nuestra meta debería ser que las cosas mejoren en el futuro. Debemos enseñarles, de manera clara y específica, cómo comportarse. Mostrar y decir a sus hijos la manera apropiada en que deben comportarse la próxima vez les enseña a prevenir o evitar cometer errores similares en el futuro.

Incluso los más pequeños suelen saber lo que no deben hacer. Para corregir realmente un problema, los niños necesitan saber lo que se supone que tienen que hacer. Frases como *"La próxima vez deberías..."* pueden ayudarlo a empezar con la enseñanza de alternativas positivas. A menudo usted puede enseñarle a su hijo una destreza social que lo ayudará a tener mejores resultados la próxima vez que se produzca una situación similar.

4. Dar una razón

Como se mencionó, las razones enseñan a los niños lo que es probable que suceda cuando tienen ciertos comportamientos. Deben ser adecuadas a la edad, relacionarse con el niño y ser realistas, breves y positivas. Las razones para niños pueden alentarlos a repetir la conducta positiva que usted desea que tengan con mayor frecuencia en el futuro.

5. Practicar

Usted ya sabe que los niños pequeños aprenden y recuerdan mejor con acciones. Cada vez que enseñamos algo a nuestros hijos, es conveniente hacerlos practicar. Hacer que sus hijos practiquen ayuda a que establezcan hábitos de comportamiento positivo y permite que cada incidente o corrección termine con algo positivo o útil. Intente usar las palabras *"Tratemos de..."* como ayuda para comenzar el paso de práctica de la *Instrucción Correctiva.* (No olvide elogiar a sus hijos por sus intentos durante la práctica.) Cuando los niños son alentados por hacer las cosas bien, aumentan las probabilidades de que vuelvan a hacerlas en el futuro.

La corrección no tiene por qué ser una situación temida tanto por padres como por sus hijos. Los pasos de la *Instrucción Correctiva* brindan a los padres un método para enseñar a los niños, en forma rápida y eficaz, a comportarse mejor en el futuro sin poner a prueba su voluntad. Lea los siguientes ejemplos para ver lo rápida que puede ser la *Instrucción Correctiva* y cómo es.

Ejemplo 1: Uso del Tiempo Quieto como Consecuencia.

1. **Indicar el comportamiento problemático mediante La Imagen y la Palabra.**
   - Comience con elogios o empatía.
   - Describa el comportamiento de manera específica.
   - Sea breve.

"Sé que te gustaría tener ese juguete, pero se lo quitaste a tu hermana sin pedírselo y la empujaste".

2. Dar una consecuencia negativa. • Sujeta al comportamiento. • Apropiada para la situación.	*"Por haberle quitado el juguete y haber empujado a tu hermana, debes dármelo y sentarte en la escalera durante cuatro minutos en Tiempo Quieto".* (El padre o la madre activan el cronómetro.) (Después de que finaliza el Tiempo Quieto.)*"Gracias por haber cumplido con el tiempo quieto como te pedí. Ya se terminó. Puedes levantarte".*
3. Indicar el comportamiento deseado mediante La Imagen y la Palabra. • Dele un nombre a la destreza. • Describa la destreza o el comportamiento de manera específica.	*"La próxima vez que quieras un juguete que esté usando tu hermana, dile con amabilidad: "Por favor, ¿puedo jugar un rato yo?"".*
4. Dar una razón. • Que sea apropiada para el nivel de desarrollo del niño. • Sea breve.	*"Si lo pides bien, es más probable que tu hermana desee compartir".*
5. Practicar. • Recurra a la simulación, a juegos o una situación real. • Haga que el niño haga en realidad lo que le enseñó. • Sea breve.	*"Ahora, sostendré el juguete y tú harás de cuenta que soy tu hermana. Quiero que me muestres cómo podrías pedírmelo.* (El niño responde para practicar: *"Por favor, ¿puedo jugar un rato?").* *¡Buen trabajo! Dijiste 'por favor' y le pediste que te lo prestara un rato".*

Sugerencias Útiles

Aunque corregir comportamientos problemáticos puede ser con frecuencia simple y fácil, usted sabe que este no siempre es el caso. De hecho, a veces los niños hacen que sea bastante difícil. Como ayuda para mantener la concentración, tenga presentes cada una de las siguientes sugerencias útiles.

Conserve la calma

Cuando su hijo está molesto, ese es un buen indicio para que usted controle sus emociones. Puede ser útil tener un *Plan para Mantener la Calma*, que se describe en el Capítulo 12. Aunque los niños pequeños pueden ser muy tercos y emocionales, en realidad entienden el mensaje que les damos. Cuanto mayor sea nuestra capacidad de mantener la calma, habrá más probabilidades de que la mantengan nuestros hijos.

Sea breve

A veces creemos que cuanto más les hablamos, más aprenden. De hecho, suele ocurrir lo contrario: cuanto más hablamos, menos oyen. No deberían ser necesarias muchas palabras para hacer saber a sus hijos lo que hicieron mal y cómo comportarse mejor en el futuro. No se extienda. Los niños aprenden más de las demostraciones y la práctica que de las palabras.

Sea constante

¿Le parece a veces que está corrigiendo a su hijo por lo mismo una y otra vez? Los niños pequeños tienen períodos de atención cortos y poca memoria. Ellos realmente olvidan las cosas tan rápido como se las enseñamos. Por eso es importante que los padres sean constantes con las reglas, las rutinas y la corrección del comportamiento. La constancia les recuerda a los niños pequeños cuáles son los límites, lo que es aceptable y lo que no.

Busque cooperación

Los niños pequeños pueden ser muy inquietos. Parecen ir de un comportamiento problemático a otro y nos arrastran con ellos. Sin embargo, los padres no quieren que esto dure para siempre. Cuando nuestros hijos cometen errores, queremos estimularlos para que cambien su conducta y tengan un comienzo positivo. Podemos ayudar a que esto ocurra mediante el elogio de los comportamientos buenos, incluso cuando nuestros hijos se equivocan. Por ejemplo, si un niño molesta a un compañero de juegos, se lo puede elogiar por haber dejado de fastidiarlo cuando se le dijo, por haber venido cuando se lo llamó, por haber escuchado mientras se lo corregía, por haber ido a cumplir el Tiempo Quieto y haberse quedado allí, por practicar cómo llevarse mejor con los demás, o por haberse disculpado. Buscar que coopere y elogiar la coope-

> "Antes de casarme, tenía seis teorías acerca de criar niños. Ahora, tengo seis hijos y ninguna teoría".
>
> – *John Wilmot*

ración puede ayudar a que la corrección de problemas sea menos complicada.

Use razones para niños

Al igual que con otras destrezas de crianza, usar razones para niños puede ayudar a sus hijos a comprender mejor lo que usted espera y a estimularlos a intentar lo que les ha enseñado.

Mantenga la atención en un solo problema

Los niños son expertos para distraernos. Sin importar cuál sea el problema original, pueden distraernos rápidamente con frases como *"No me quieres"*, *"Pero él comenzó"* o *"Papá dijo que podía"*. Los niños pequeños también pueden enturbiar las aguas con lágrimas, gritos, malas palabras o trucos ingeniosos como darnos un abrazo o un beso cuando los estamos corrigiendo. Hagan lo que hagan, es importante que de todos modos reciban la corrección por el comportamiento inapropiado. Siempre podrá atender los otro asuntos después. Si continúan lloriqueando, hacen pucheros, discuten o gritan, es posible que deba darles tiempo para calmarse.

En Resumen

Corregir los problemas de comportamiento infantil es algo que a los padres raras veces los entusiasma. Sin embargo, siempre y cuando los niños cometan errores será parte de su crianza.

Pero es importante no ver sus respuestas a los comportamientos problemáticos de nuestros hijos solamente como una obligación poco placentera. Son mucho más que eso. Es una oportunidad maravillosa de enseñarles a tener mejores resultados; de hacer nuestra vida más simple mediante la corrección de un problema ahora, antes de que se agrande; de mostrarles a nuestros hijos que nos importan demasiado como para permitir que continúen tomando malas decisiones; de demostrarles que, incluso cuando se equivocan, los tratamos con respeto y amor.

La *Instrucción Correctiva* es una herramienta que puede ayudarnos a "superar" una situación problemática, a enseñar a nuestros hijos cómo hacer lo correcto y a fortalecer a nuestras familias.

Preguntas Frecuentes sobre **Instrucción Correctiva**

P **"¿Cómo se corrige a un niño de cuatro años que muerde?"**

R A veces, cuando los niños se sienten frustrados, recurren a comportamientos agresivos como morder. Debería detener la conducta del niño de inmediato, y luego describir el mal comportamiento en forma breve.*("No muerdas. Eso lastima".) Es importante usar un tono de voz firme y a continuación aplicar una consecuencia que pueda usar de manera sistemática, como el Tiempo Quieto, la pérdida de un privilegio o la enmienda de una conducta. Asegúrese de enseñarle qué quiere que haga en lugar de morder.*

P **"A veces, corrijo a mis hijos por cosas que hacen mal, pero las vuelven a hacer. ¿Cómo hago para evitar tener que corregirlos todo el tiempo?".**

R El mal comportamiento en los niños pequeños es una experiencia de aprendizaje natural. La clave para cambiarlo o ponerle un fin es la constancia. Asegúrese de aplicar consecuencias eficaces y lógicas, y compruebe que sus expectativas sean razonables. Tenga paciencia y busque los avances en la conducta de sus hijos. Cuando vea un avance, aunque sea leve, no olvide usar los *Elogios Eficaces* (Capítulo 7).

P **"Mi hija simplemente ignora todo lo que digo cuando la corrijo porque sabe que su padre le dejará obtener todo lo que quiera. ¿Cómo puedo resolver este problema?"**

R Siéntese a hablar con su esposo acerca de las diferencias en los estilos de crianza. Llegue a un acuerdo acerca de cómo corregirán ambos a su niña en un área en particular. Cuando ambos hayan podido trabajar juntos en problemas de menor importancia, trabajen con el objetivo de llegar a un acuerdo para manejar problemas más importantes. La coherencia es clave para tener éxito en la crianza.

P **"Quiero ser más constante en la corrección de mis hijos pero... ¿debo corregir cada pequeño error que cometan?".**

R No se preocupe demasiado por los asuntos de poca importancia. Corregir cada pequeño error hará que decaigan la calidad y la constancia de su enseñanza. Para los problemas de poca importancia se puede redirigir, rehacer o desahacer, mientras que los comportamientos problemáticos frecuentes y graves necesitan más corrección. Escoja unas pocas conductas problemáticas que realmente lo alteren y trabaje en su corrección. En otras palabras, elija qué batallas luchar. La corrección permanente será percibida como un fastidio y en realidad puede provocar más comportamientos negativos.

12

Respire Profundo...

Elaboración de un Plan para Conservar la Calma

Muchos padres nos cuentan que el mayor desafío que enfrentan al lidiar con los comportamientos problemáticos de sus hijos es conservar la calma. Los más pequeños pueden estar en actividad constante, hacer preguntas, causar desorden, tener rabietas o sólo hacer muchas cosas que causan problemas. A fin de prepararse para este aluvión de conductas, los padres necesitan mantener la serenidad.

Entienda que no decimos que dejará de enojarse. Eso es imposible, e incluso puede ser poco saludable, ya que el enojo es una emoción humana básica. Sólo estamos diciendo que salirse de las casillas por el comportamiento de su hijo puede empeorar la situación.

Cuando les preguntamos a los padres qué hacen cuando están enojados, algunos dicen que les gritan a sus hijos o los toman del brazo. Algunos dicen que golpean algo o arrojan o patean cosas. Muchos padres están totalmente convencidos de que estas respuestas cargadas de ira logran mostrar a los niños que "hablan en serio". Y tienen razón. Estas respuestas de verdad detienen el comportamiento problemático de manera temporal. ¿Pero qué aprenden los niños? A gritar, golpear, arrojar o patear cosas cuando están alterados.

En este capítulo elaboramos un plan para conservar la calma. La elaboración de su *Plan para Conservar la Calma* consta de tres pasos:

1. Identificar qué cosas hacen sus hijos que lo alteran;
2. Identificar qué acciones o sentimientos son señales de que se está alterado;
3. Decidir qué hacer en lugar de alterarse en el futuro.

Paso 1: Qué lo Altera

Saber qué nos hace enojar es el primer paso para poder responder con calma a los comportamientos problemáticos de nuestros hijos. Por lo general, los niños son capaces de provocar nuestro enojo y decir o hacer lo que nos irrita.

En una hoja de papel, haga una lista de las conductas específicas que sus hijos han tenido en el pasado que le hicieron perder los estribos. Preste atención a lo que ellos dijeron e hicieron, el tono de voz que emplearon y otros detalles similares. Además, será de utilidad identificar las situaciones en las cuales se hayan producido esos comportamientos. Por ejemplo, ¿esa conducta molesta se produjo después de que les dio una instrucción a sus hijos, los corrigió o les pidió ayuda en tareas domésticas? ¿Ocurrió a cierta hora del día, por ejemplo antes de comer o de ir a acostarse? Cuanto más específica sea la lista, más probabilidades habrá de que tenga éxito al enfrentar estas situaciones con más calma en el futuro.

Paso 2: Sus Señales de Alarma

Hay un conjunto de sentimientos que inundan nuestros cuerpos cuando comenzamos a alterarnos. Nuestro comportamiento también cambia. En esos momentos, la manera en que maneje estos sentimientos marcará una enorme diferencia en lo que haga o diga. Si pierde el control y dice o hace todo lo que pasa por su mente, sólo empeorará la situación, herirá los sentimientos de sus hijos y se arrepentirá luego. En otras palabras, es muy poco frecuente que sucedan cosas buenas cuando se altera con sus hijos y pierde el dominio propio.

> "Jamás es demasiado el cuidado que se pone en lo que se le dice a un niño porque uno nunca sabe qué incorporará en su mente y por qué nos recordará el resto de su vida".
>
> – *Frederick Buechner*

Todos tenemos pequeñas senales que indican que nos estamos alterando. Reconocer estas "alarmas" nos permite pensar antes de actuar. Es mucho más fácil trabajar en la resolución de un problema cuando podemos conservar la calma.

¿Cuáles son sus "alarmas"? ¿Su corazón se acelera o su cara se poner roja? ¿Aprieta los dientes, cierra el puño o siente que se le tensan los músculos? ¿Habla más rápido o más alto, o comienza a señalar y hacer movimientos abruptos? Dedique un poco de tiempo a pensar en las señales iniciales de alarma que indican que está comenzando a alterarse. Antes de poder cambiar la manera de responder a sus hijos, debe saber con exactitud cuáles son sus señales de enojo. En la hoja de papel en la que hizo la lista de comportamientos de sus hijos, escriba lo que dice o siente cuando está comenzando a enojarse.

Paso 3: Elabore un Plan

Ahora, veamos cómo puede usar estas señales como ayuda para conservar la calma en situaciones tensas con sus hijos. Lo que vamos a hacer es combinar:

* Los comportamientos problemáticos de sus hijos y
* Sus señales de alarma iniciales con
* Una manera de conservar la calma que le dé resultado.

El siguiente ejemplo muestra cómo una madre usó estos tres pasos para elaborar su *Plan para Conservar la Calma.*

Ejemplo

Cuando **Juan me responde con insolencia y se niega a ir a acostarse** *(conductas problemáticas del niño)* y comienzo a sentir que **mi corazón late con fuerza** *(mi señal de alarma),* respiro **profundo y dejo salir el aire con lentitud** *(lo que haré)* para calmarme.

Conservar la calma no siempre fue fácil para esta madre, al principio. Tuvo que poner dedicación. Pero cuanto más se concentró en su plan, más éxito tuvo en conservar la calma. Dijo que se sentía mejor con la manera en que interactuaba con su hijo y casi sentía orgullo por mantener el dominio propio.

A continuación incluimos algunos métodos que otros padres nos han contado que utilizan para calmarse en situaciones tensas:

> "Nada influye más en la vida de un niño que el poder moral de un ejemplo silencioso".
>
> – *William Bennett*

* *"Cuento hasta diez, con lentitud. Me concentro en hacer eso, sin importar lo que esté gritando mi hijo".*
* *"Pongo las manos en los bolsillos. Tiendo a transmitir mucho con las manos, en especial cuando me enojo. Antes, cuando no hacía esto, creo que mi hija pensaba que la iba a golpear. No era así, pero ella veía mi comportamiento como una amenaza".*
* *"Me siento. Si estoy de pie, comienzo a temblar. Sentarme me calma por alguna razón. Puedo decirle igualmente a mi hijo lo que está haciendo mal, pero lo digo con mucha más calma".*
* *"Respiro profundo y dejo salir el aire lentamente. Esto actúa como una válvula de escape para mí. Es como si dejara salir vapor de mi cuerpo".*
* *"Sólo me aparto de la situación por un momento. Voy a otra habitación hasta calmarme. Pienso que si mi*

hijo está tan furioso, tomarme un poco de tiempo para recobrar el dominio propio no puede causar ningún mal. Puedo manejar la situación mucho mejor de esa manera. A veces, incluso él está tranquilo cuando regreso".

- *"Puede sonar raro, pero llevo una banda elástica en la muñeca, que estiro y suelto cada vez que siento que me estoy empezando a alterar. Esa es una señal que me indica que mejor me calmo".*
- *"Antes me alteraba tanto con mi hijo de cinco años que lo único que encontré que me ayudaba a calmarme era lavarme la cara con agua fría".*
- *"Llamo a alguien, como mi mejor amiga o mi hermana. Al hablar de la situación, puedo volver y abordarla con más calma".*
- *"Me siento y escribo en un papel lo molesto que estoy. A veces ni siquiera puedo leer lo que he escrito. Pero eso no es tan importante como el hecho que no me desquito con mi hijo. Cuando me calmo, siempre me sorprende cuánto me altero por algo tan insignificante".*

En la misma hoja de papel en que escribió la lista de comportamientos de su hijo y las señales de alarma de que usted se está por enojar, agregue los toques finales a un plan para usted. Los padres dicen que cuando redactan su plan, tienen más probabilidades de recordarlo y usarlo en situaciones reales. Procure seguir este esquema:

Cuándo ________________________________ ,
(comportamiento problemático del niño)

y comienzo a sentir __________________________ ,
(mis señales de alarma)

(hago esto) _____________________ **para calmarme.**
(lo que hago para conservar la calma)

Sugerencias Útiles

Aprender a controlar sus reacciones negativas llevará tiempo. No se desanime si pierde el control de vez en cuando. Estas son algunas sugerencias que han ayudado a otros padres:

Practique diálogos internos positivos

Si se encuentra teniendo pensamientos negativos, interrúmpalos. Dígase "¡Basta!". Luego vuelva a concentrarse en pensamientos positivos. Esto ayuda a que mantenga el dominio propio y se ocupe del problema que enfrenta.

Estos son algunos ejemplos de frases positivas para decirse que otros padres han utilizado:

"Relájate. Tómalo con calma".

"Voy a ayudar a mi hijo".

"Encáralo de a poco".

"Soy un buen padre y puedo hacer esto".

"Va a mejorar. Es cuestión de tiempo".

Descubrirá que cuanto más seguido tenga estos diálogos internos positivos, mejor se sentirá consigo mismo y con su rol de madre o padre. Aunque no observe ningún cambio inmediato en el comportamiento de su hijo, ciertamente puede evitar que el problema empeore.

Los pensamientos negativos y autodestructivos siempre conducen a más problemas. Al recurrir al diálogo interno positivo, no sólo aprende a controlar sus emociones, sino que también puede concentrarse mejor en la tarea que lo ocupa: enseñarles a sus hijos maneras positivas de comportarse.

No tome los dichos de su hijo como ataques personales

Esto puede ser muy difícil de hacer cuando su hijo lo insulta o le dice cosas hirientes. Debe convencerse de que el niño lo hace porque todavía no ha adquirido las destrezas necesarias para manejar el enojo y la frustración. No reaccione cuando lo insulten o lo acusen de ser un desastre como madre o padre. Aprenda a dejar que los comentarios negativos que surgen del enojo le reboten; así aumentará la eficiencia de su enseñanza.

Aplique la regla de tomarse cinco minutos

En lugar de soltar una respuesta cargada de ira, propóngase tomarse cinco minutos para pensar en lo que está sucediendo. Es notable cómo ese período de tranquilización puede ayudar a una persona a recuperar el dominio propio y poner las cosas en perspectiva. A veces, sólo apartarse de la situación puede ayudar a "distender" una situación volátil.

Concéntrese en el comportamiento, no en los motivos

En lugar de buscar las causas de la conducta negativa de su hijo, aborde la manera en que está actuando. Puede llegar a enloquecer tratando de averiguar por qué se comporta mal. Una vez que el problema esté resuelto, tómese tiempo para hablar con su hijo acerca de lo que ocurrió y por qué.

> "Hay sólo una manera de criar a un niño para que siga el camino apropiado, y es seguir ese camino uno mismo".
>
> *– Abraham Lincoln*

Si pierde el control, diga que lo siente

Si se enoja y dice o hace algo de lo que se arrepiente, diga que lo lamenta. Esto sirve de ejemplo a sus hijos de lo que deben hacer cuando cometen un error. Discúlpese, diga qué hizo mal y qué va a hacer diferente la próxima vez. Disculparse hace a los padres más "humanos", también. A veces los niños sienten que los padres siempre tienen razón, sin importar lo que suceda. Admitir un error suele ser lo mejor que usted puede hacer. Luego haga su mayor esfuerzo para no dejar que suceda de nuevo.

Use un tono de voz firme

Conservar la calma no significa ser totalmente pasivo. A veces es necesario levantar la voz, pero hay que usar un tono firme y serio. Asegúrese de usar palabras que sean descripciones específicas y no censuras, expresiones despreciativas o sentimientos negativos. Conservar la calma significa no reaccionar con enojo o agresividad ante el mal comportamiento.

En Resumen

Conservar la calma y el dominio propio es la clave para enseñar y criar de manera eficaz. Elaborar un *Plan para Conservar la Calma* para usted mismo le proporciona un método sistemático para calmarse cuando lo enojen o alteren las conductas de su hijo. Recuerde estos pasos y sígalos.

1. Observe su propio comportamiento.
2. Identifique qué lo enfada.
3. Sepa qué va a decir y hacer para calmarse.
4. Controle las respuestas negativas y manéjelas con rapidez.

13

¡...Y Cuente hasta Diez!

Enseñar a su Hijo el Dominio Propio

Usted se encuentra en una tienda. Oye un fuerte ruido justo frente a usted y ve una docena de latas de habichuelas desparramadas en el piso. En medio de ese desorden, hay un niño tumbado en el piso con una barra de chocolate a medio comer en la mano. Su madre está intentando quitarle el dulce, pero él patalea para defenderse mientras grita: "¡Mi dulce!". La madre le dice que haga silencio, pero eso sólo lo hace gritar más fuerte. "¡No lo haré!", grita. "Y no puedes obligarme".

¿Cómo manejaría una situación similar con su hijo? Todos los padres de niños pequeños han experimentado frustración cuando ellos tienen una rabieta. Pueden quejarse, llorar, morder, chillar, patalear, discutir o arrojar objetos. En el otro extremo de la escala emocional, pueden negarse a hablar o a seguir instrucciones, cerrar y apretar los ojos, esconderse de sus padres o ignorarlos, o contener la respiración hasta perder el conocimiento.

Cualquiera sea su comportamiento, estos padres perdieron el control de sus hijos y pueden sentirse enojados, avergonzados o impotentes. Los estallidos emocionales y los actos tenaces de desafío de los niños son difíciles de manejar. Los padres necesitan responder de manera positiva para que ellos aprendan el dominio propio.

En este capítulo aprenderá a ayudar a sus hijos cuando se ven superados por las emociones negativas. A esta destreza de crianza la llamamos *Enseñanza del Dominio Propio.*

Un Comportamiento que se Aprende

Muchos padres no comprenden por qué sus hijos a veces se salen tanto de control. Algunos creen incluso que están haciendo un trabajo de crianza pésimo y toman esa conducta escandalosa en forma personal, como si tales exhibiciones fueran una señal del desagrado que sienten sus hijos por ellos. En esos momentos, es necesario que se recuerden a sí mismos que hacer escándalo es un comportamiento negativo y que, como todos los demás comportamientos, se aprende.

Cualquier cosa puede hacer que un niño pierda el dominio propio. Los muy pequeños suelen comportarse mal cuando están hambrientos, cansados o frustrados. A menudo no pueden decirles a sus padres qué es lo que está mal, y su frustración crece hasta desencadenar en un comportamiento negativo. Sólo piense cómo reaccionaría usted si no pudiera transmitir a los demás cómo se siente. También se enojaría. Pero a medida que crecen, es probable que vayan aprendiendo que con esas rabietas y actos desafiantes pueden obtener algo que quieren o evitar algo que no les gusta.

La mayoría de los padres y sus hijos pasan por situaciones muy similares: los niños tienen una rabieta y los padres se agotan. A veces, los padres simplemente se cansan del fastidio y el trastorno que produce escuchar llantos, quejidos y gritos. En otras ocasiones, se avergüenzan tanto que lo único que quieren es darle al niño algo para que haga silencio, en especial cuando las rabietas ocurren en púb actúan mal sólo para llamar la atención, la suya o la de alguien más. Calculan que la atención negativa es mejor que ninguna en absoluto. Más allá de los motivos, es muy importante manejar estos comportamientos perjudiciales en forma coherente, correcta y calmada.

> "Dé al cerdo cuando gruña y al niño cuando llore, y tendrá un buen cerdo y un mal niño".
>
> *– Proverbio danés*

Como ya ha aprendido en este libro, la respuesta habitual al comportamiento negativo es usar la *Instrucción Correctiva.* Y es necesario que sea perseverante y controle sus emociones cuando la use. (Recuerde emplear el *Plan para Conservar la Calma* que ya mencionamos). Este método de enseñanza funciona bien para la mayoría de los comportamientos levemente malos. Sin embargo, cuando el niño se vuelve más desafiante o arma mayores escándalos hasta el punto que no sigue ninguna instrucción y no responde a sus enseñanzas, es momento de encarar el problema de otra manera. Es hora de usar la *Enseñanza del Dominio Propio.*

La *Enseñanza del Dominio Propio* **es la respuesta serena de un padre o madre al estallido emocional de un niño o su negación continua a comportarse bien, para que se le pueda impartir una enseñanza importante.** La *Enseñanza del Dominio Propio* consta de dos partes. La primera etapa se llama *Calmarse* y consiste en tres pasos:

Parte 1

1. Indicar el comportamiento problemático mediante La Imagen y la Palabra.
2. Describir el comportamiento deseado.
3. Dejar pasar tiempo para recuperar la calma.
4. Comprobar que haya comportamiento de cooperación.

La segunda etapa se llama *Fase de Instrucción*. Incluye los siguientes pasos:

Parte 2

5. Indicar el comportamiento deseado mediante La Imagen y la Palabra (mantenga la calma).
6. Dar una razón.
7. Practicar (Mantenga la Calma).
8. Mostrar aprobación.

No podemos prevenir por completo que nuestros hijos se comporten mal y nos desafíen. Sin embargo, podemos intentar ayudarlos a superar estos estallidos sin que se produzca una gran batalla. La *Enseñanza del Dominio Propio* utiliza los pasos que usted ya ha aprendido en destrezas previas para guiarlo por estas situaciones de pérdida de control. Veamos cuándo debería usar esta poderosa herramienta de enseñanza.

Cuándo Usar la Enseñanza del Dominio Propio

En primer lugar, debe tomar todas las precauciones para evitar usar la *Enseñanza del Dominio Propio* con demasiada frecuencia. Preste atención a los acontecimientos que dan lugar a rabietas y actitudes desafiantes. Usted sabe cuándo es más probable que sus hijos hagan escándalos. Es bueno adoptar la costumbre de evaluar las circunstancias (la hora del día, las personas que estaban presentes, la actividad que se estaba realizando, los resultados del comportamiento, etc.) que rodean las rabietas o los actos de desafío tenaz. Es posible que descubra que algunos de estos episodios se pueden prevenir. Por ejemplo, si se acerca la hora de la siesta del niño o si tiene hambre, quizá no sea un buen momento para ir a la tienda. El viaje si puede, y espere un mejor momento. Observe si un juego o rompecabezas es demasiado difícil para la capacidad de su hijo, ya que la frustración por no poder hacer algo en forma correcta se puede acumular hasta hacerlo estallar. Compruebe si el comportamiento negativo se potencia por la manera en que la gente le responde. Si los niños obtienen lo que desean cuando se comportan mal, es probable que continúen haciendo escándalos.

Use la *Instrucción Preventiva* con frecuencia para establecer pautas y expectativas de comportamiento positivo, independientemente de adónde vaya o qué actividad esté realizando. Antes de que se produzcan situaciones problemáticas, considere las consecuencias que puede aplicar, hágale saber a su hijo cuáles son y cuándo las utilizará, y sígalas a rajatabla. No trate la conducta descontrolada como un acontecimiento aislado que aparece de la nada. Hay motivos que la explican. Puede ser beneficioso para ambos que usted identifique siempre lo que sucede antes y después de que su hijo pierda el control.

Pero sin importar cuánto lo intente, siempre habrá ocasiones en las cuales nada parezca dar resultado. Por lo general, los padres nos cuentan que usan la *Enseñanza del Dominio Propio* principalmente en dos situaciones:

- Cuando los niños responden a la *Instrucción Correctiva* con rebeldía o una negativa;
- Cuando utilizan comportamientos repentinos, emocionales e intensos;

Cuando responden a la *Instrucción Correctiva* con rebeldía o una negativa

Muchas veces, los pequeños responden muy bien al redireccionamiento, la enseñanza y la corrección. Sin embargo,

> "Los niños nunca se han destacado por escuchar a sus mayores, pero nunca han dejado de imitarlos".
>
> *- James Baldwin*

hay momentos en que es difícil para ellos aceptar o responder a las instrucciones de sus padres. Podrían reaccionar con terquedad, impaciencia, vergüenza, enojo, una actitud desafiante o alguna otra emoción que interfiera con sus enseñanzas. Es posible que lloriqueen, griten, pataleen, discutan o simplemente lo ignoren. Hagan lo que hagan, sus hijos le están demostrando que no escucharán sus razones y que no están listos para la enseñanza. No es momento de continuar con la *Instrucción Correctiva* sino de comenzar a usar la *Enseñanza del Dominio Propio.*

¿Qué comportamientos tiene su hijo cuando se disgusta y se niega a hacer lo que le pide? Haga una lista.

Cuando los niños utilizan comportamientos repentinos, emocionales e intensos

A veces, los niños tienen estallidos incontrolables de emoción o de actitudes desafiantes. Esta conducta es tan intensa que exige su respuesta inmediata. Podrían llegar a lastimar a otras personas o dañar objetos, gritar a todo pulmón, insultar a las personas, arrojar juguetes o ropa, patear al perro o presentar otros comportamientos extremos, intensos y negativos. Quizá no tenga idea de por qué su hijo hace esos escándalos, pero el principal objetivo debería ser lograr que se calme para que usted pueda averiguar qué ha ocurrido y responder de manera adecuada.

Cuando su hijo pierda repentinamente el control, hay varias cosas para considerar antes de decidirse a usar la *Enseñanza del Dominio Propio.* Podría ser que su hijo esté asustado, dolido o triste. Si bien estas emociones pueden provocar algún tipo de comportamiento escandaloso, primero necesitan una respuesta reconfortante en lugar de una enseñanza.

Por ejemplo, ¿qué debería hacer si retira a su hijo de la guardería y él comienza a llorar y no hay manera de consolarlo? Sería sensato preguntar primero al personal de la guardería qué ocurrió (si él no se lo cuenta) y asegurarse de que esté bien. Tal vez otro niño lo mordió o lo golpeó, o se siente rechazado y excluido. Esto requeriría una respuesta tranquilizadora y de alivio. Por otra parte, si su hijo comenzó a gritar y llorar cuando vio que usted entraba por la puerta sólo porque no quería dejar de jugar con los otros niños, eso requeriría una respuesta de *Instrucción Correctiva.* Si eso no pone fin al comportamiento problemático, es momento de pasar a la *Enseñanza del Dominio Propio.*

También hay cuestiones de seguridad que se deben considerar. Las emociones de un niño pequeño pueden ser muy intensas. Pueden enojarse mucho o sentir una enorme necesidad de liberar lo que sienten. Desafortunadamente, la mayoría de ellos no conoce maneras apropiadas de expresar estas emociones: no saben cuándo detenerse o no siempre comprenden las consecuencias de sus acciones. Esto puede conducir a comportamientos peligrosos como golpearse la cabeza, morder, pegar, lanzar objetos, empujar, romper cosas o escaparse de usted. Los niños pueden dirigir estos estallidos a otros niños, a padres e incluso a sí mismos.

En esas ocasiones, haga todo lo posible para que la situación sea segura (elimine todos los objetos peligrosos que estén al alcance de su hijo, retírelo a él o a otros niños del lugar) antes de intentar calmarlo o impartir algún tipo de enseñanza. Una vez que sepa que su hijo y las demás personas están a salvo y haya determinado que necesita usar la *Enseñanza del Dominio Propio*, el primer paso es asegurarse de estar en calma y ser capaz de manejar la situación.

la Importancia de Conservar la Calma

No es poco común que los padres pierdan el control por el comportamiento de sus hijos. Pueden sentirse frustrados y enojados, o simplemente cansarse de tener que lidiar con los estallidos emocionales u otras graves malas conductas de ellos. También puede ocurrir que sufran demasiado estrés en el trabajo o la casa y eso los haga tener menos paciencia. Cualquiera sea el caso, a veces los padres también pueden sentir ganas de gritar o lanzar objetos. Es normal sentirse así. Pero actuar según los designios de esos sentimientos no es recomendable, en especial cuando están sus hijos pequeños presentes. En esos momentos de volatilidad, es imprescindible que reconozca lo que está sintiendo y haga algo constructivo para calmarse, de manera que pueda impartirles enseñanzas a sus hijos.

Hemos hablado de esto en capítulos anteriores, pero vale la pena repetirlo: **conservar la calma es la clave para enseñar y criar a los hijos de manera eficaz.** Si tiene dificultades para controlar sus propias emociones, practique lo que ha incluido en la lista de su *Plan para Conservar la Calma* (Capítulo 12). Algunos padres deben trabajar con mucho ahínco para encontrar y emplear maneras constructivas de serenarse cuando sus hijos se comportan mal. Pero después de hallar una manera saludable de mantener la calma, los beneficios para sus hijos y para ellos mismos son espectaculares.

En la siguiente sección, hablaremos de los pasos específicos de la *Enseñanza del Dominio Propio.*

Parte 1: Calmarse

Los niños no son receptivos a la enseñanza cuando están fuera de control y sus emociones y comportamientos negativos están desenfrenados. Por lo tanto, para que sea posible enseñarles, ellos deben estar lo suficientemente calmados como para escucharlo a usted y seguir instrucciones.

Estos pasos constituyen la fase *Calmarse* de la *Enseñanza del Dominio Propio*:

1. Indicar el comportamiento problemático mediante La Imagen y la Palabra.
2. Describir el comportamiento deseado.
3. Dejar pasar tiempo para recuperar la calma.
4. Comprobar que haya comportamiento de cooperación.

1. Indicar el comportamiento problemático mediante La Imagen y la Palabra

Muchas veces, los pequeños están tan concentrados en sus emociones o la situación que no son conscientes de su conducta (o no les importa). Es el momento en el que es importante hacerles saber de manera precisa qué están haciendo mal. Lo que diga o haga debe ser breve, específico y al grano, sin sarcasmo ni desprecio. También es útil comenzar con elogios o empatía.

Un buen ejemplo sería decir simplemente: *"Sé que estás molesto, pero estás gritando"*. Entonces, su hijo sabrá en forma específica cuál es el problema. Pero decir (como lo hemos hecho muchos en ocasiones) *"¡Quiero que dejes ya mismo de hacer eso! ¡Estás actuando como un bebé!"* es vago e ineficaz. Funciona mejor decir simplemente frases breves y precisas que describan el comportamiento.

Otras sugerencias para describir la conducta problemática son usar un tono de voz calmado y decir cosas de manera directa y seria. También puede mostrar que comprende cómo se siente su hijo (empatía) mediante el uso de frases como *"Sé que eso te hizo enfadar"* o *"Sé que estás muy disgustado ahora"*. Describir el comportamiento de esta manera le facilita a su hijo comprender lo que le dice y le permite saber que él le importa a usted. Así ayuda a que sus hijos vean su propio comportamiento (y la desaprobación suya) sin tener que levantar la voz ni perder los estribos.

2. Describir el comportamiento deseado

Cuando su hijo no puede entender sus emociones, usted necesitará describir o demostrar en forma breve y específica cómo calmarse y permanecer en calma. Puede decir, por ejemplo: *"A la cuenta de tres, hagamos una inspiración profunda para calmarnos. ¿Listo? Uno, dos, tres..."*. En algunos casos, es posible que ya le haya enseñado a usar un método para calmarse y que lo haya practicado con su hijo (mediante la *Instrucción Preventiva*). Estos métodos podrían incluir hacer que el niño haga una inspiración profunda o se enfoque en un objeto en la habitación hasta que se sienta tranquilo. Otras posibilidades podrían ser contar hasta cinco o diez, o abrazar un animal de peluche o una almohada. Este es un muy buen momento para usar métodos e ideas que discutimos en el capítulo sobre la *Instrucción Preventiva* (Capítulo 9). Si enseña estos métodos a sus hijos con anticipación, tendrán una idea más clara de qué pueden hacer cuando se sienten enojados o disgustados.

En otras ocasiones, sus descripciones deberían estar orientadas a redirigir a su hijo o poner fin al comportamiento negativo. Por ejemplo, puede decir: *"Por favor, deja de gritar"* o *"Por favor mantén tus piernas quietas en lugar de patear la pared"*.

Habrá ocasiones en las que su hijo no se calmará de inmediato. Puede que la situación aún esté dominada por sus emociones y la mala conducta podría empeorar en lugar de mejorar. Es una respuesta muy común entre los más pequeños. De hecho, muchas veces se elevará la intensidad de su comportamiento hasta que los padres se den por vencidos o abandonen. Cuando los padres responden de esa manera, la conducta negativa en realidad se hace más fuerte y es más probable que el niño la utilice en otras situaciones porque ha aprendido que funciona para hacer que los padres lo dejen en paz. Los niños piensan: "Si me porto un poco peor, mamá se irá y no tendré que vérmelas con ella". Así que recuerde atenerse a los pasos de la *Enseñanza del Dominio Propio* y dar una descripción clara o una demostración de la calma deseada cuando ve que su hijo comienza a perder la calma. Esto siembra la semilla de un comportamiento más aceptable.

> "Los niños pequeños creen que si uno ama a alguien, se quedará con esa persona el 100 por ciento del tiempo".
>
> — *Lawrence Balter*

Y entienda que puede llevarle numerosas rabietas y enseñanzas frecuentes hasta que el mensaje se asiente en la cabeza de sus hijos y aprendan a seguir sus pistas para calmarse y recuperar el dominio propio. Las claves para ayudar a su hijo a calmarse están en calmarse usted mismo y tener paciencia.

3. Dejar pasar tiempo para recuperar la calma

Este paso es una salvaguardia tanto para usted y como para su hijo. Si él no coopera ni sigue instrucciones y el comportamiento negativo comienza a salirse de control, necesita una oportunidad para calmarse. Al igual que usted. Los padres pueden empeorar una situación si responden a conductas negativas en extremo con sus propias acciones negativas. Esto sólo sirve para avivar el fuego. No ayudará recurrir a gritos, golpes, palmadas, amenazas o consecuencias poco razonables y hasta ridículas (quitarle todos los juguetes o decirle que el Tiempo Quieto durará cinco horas).

La mayoría de las veces, es mejor que ambos se refugien en "rincones neutrales". El objetivo es tomarse un recreo el uno del otro hasta que ambos se hayan calmado. Esto no significa dejar al niño completamente solo o sin supervisión. Usted debe poder asegurarse de que nada peor pueda suceder. Asegúrese de poder seguir monitoreándolo y verifique en forma ocasional que esté seguro y comienza a calmarse. **NUNCA DEJE SOLO A UN NIÑO MUY PEQUEÑO QUE ESTÁ FUERA DE CONTROL.**

Incluso si su hijo cumple con su instrucción de ir adonde le indicó pero continúa gritando, ese es el comienzo del proceso de recuperar la calma. Sin embargo, si se niega, podría ser necesario llevarlo hasta allí con gentileza. Si ya está en un lugar que usted considera tranquilo y seguro, podría alejarse del lugar hasta que su hijo esté más calmado.

A su hijo puede llevarle varios minutos o mucho más calmarse. Aproveche esta pausa para calmarse también usted. No se detenga a pensar en lo que el niño ha dicho ni tome de manera personal su comportamiento. En cambio, concéntrese en su propio *Plan para Conservar la Calma*. Una vez que esté tranquilo, considere cómo quiere continuar.

4. Comprobar que haya comportamiento de cooperación

Regrese en forma periódica adonde se encuentra su hijo y observe qué tan calmo está y cuánto coopera. Una de las maneras más sencillas de comprobar si un niño se ha calmado es verificar si está listo para seguir una o dos instrucciones simples, tales como mirarlo a usted, ir a sentarse a su lado o escuchar sin interrumpir. Usted podría decirle *"Mírame, por favor"* o *"Siéntate aquí, por favor"*, o preguntarle *"¿Estás listo para hablar conmigo ahora?"*. Cuando los niños no pueden hacer lo que les pide, es probable que necesiten más tiempo para calmarse antes de que pueda enseñarles algo. Si su hijo puede seguir instrucciones con éxito, puede pasar a la *Fase de Instrucción*, la siguiente etapa de la *Enseñanza del Dominio Propio.*

Los pasos que hemos explicado pueden parecer demasiadas cosas para hacer en un momento difícil. Sin embargo, se pueden realizar con relativa facilidad. (El tiempo que lleva esta etapa puede ir de unos pocos minutos a mucho más, según lo rápido que pueda calmarse su hijo.) Lea el siguiente ejemplo para ver cómo podría ser la etapa de *Calmarse* de la *Enseñanza del Dominio Propio*. (Esta madre ya ha intentado usar la *Instrucción Correctiva* pero, como el comportamiento se hizo muy intenso con mucha rapidez, decidió dar comienzo a la *Enseñanza del Dominio Propio.*)

Situación: El niño patalea y grita cuando le dicen que no puede comer dulces

1. Indicar el comportamiento problemático mediante La Imagen y la Palabra. • Comience con elogios o empatía. • Describa el comportamiento fuera de control.	*"Sé que estás decepcionado. Pero ahora estás gritando y pataleando"*.(La madre demuestra que el niño patalea).
2. Describir el comportamiento deseado. • Describa o demuestre en forma específica cómo calmarse. • Sea breve.	*"Basta, por favor. ¿Por qué no haces una inspiración profunda para calmarte?"* (La madre demuestra y hace una inspiración profunda.)
3. Dejar pasar tiempo para recuperar la calma. • Dé espacio. • Dé tiempo. • Monitoree.	*"Voy a darte unos minutos para que intentes calmarte. Por favor, ve a tu habitación e iré a verte en un rato"*.
4. Comprobar que haya comportamiento de cooperación. • Dé una instrucción sencilla.	(Unos minutos más tarde.) *"¿Estás listo para escuchar ahora?* (El niño asiente con la cabeza.) *De acuerdo. ¿Por qué no vienes aquí y hablamos"*.

Parte 2: Fase de Instrucción

Durante la *Fase de Instrucción* de la *Enseñanza del Dominio Propio*, su objetivo principal es utilizar los siguientes pasos para enseñarle a su hijo a conservar la calma en situaciones futuras:

5. Indicar el comportamiento deseado mediante La Imagen y la Palabra (mantenga la calma).
6. Dar una razón.
7. Practicar (Mantenga la Calma).
8. Mostrar aprobación.

5. Indicar el comportamiento deseado mediante La Imagen y la Palabra (Mantener la Calma)

Así como usó *La Imagen y la Palabra* para indicar la conducta problemática en la parte 1, es importante que las utilice para mostrar el comportamiento deseado en la parte 2. Una vez más, comience con elogios o empatía y describa o demuestre en forma específica cómo conservar la calma. Puede ser algo como esto: *"Hiciste un buen trabajo al venir a sentarse junto a mí cuando te lo pedí. Cuando estés enojado, en vez de gritar y patalear, respira profundo algunas veces, así* (demuestre), *para mantener la calma"*.

6. Dé una razón

Dar una razón por la que es importante conservar la calma puede ayudar a un niño a entender por qué este comportamiento es importante. Puede decirle algo como: *"Cuando permanezcas calmado, no te meterás en tantos problemas"*.

7. Practicar (Mantenga la Calma)

Al igual que con todas las herramientas de enseñanza que ha aprendido, practicar ayudará a su hijo a tener más éxito para mantener la calma en el futuro. Por ejemplo, podría decir: *"Supongamos que estás molesto porque se rompió un juguete. Toma tres inspiraciones bien profundas conmigo. Listo, aquí vamos... Uno, dos, tres"* (respiran juntos).

8. Mostrar aprobación

Por último, la interacción finalizará con la aprobación para que el niño tenga más probabilidades de usar la destreza de conservar la calma en el futuro. Mientras le da un abrazo, podría decirle: *"Has hecho un trabajo excelente practicando conservar la calma"*.

Lea el siguiente ejemplo para ver cómo podría ser la parte de la *Instrucción* de la *Enseñanza del Dominio Propio* en la situación del niño que pataleó y gritó cuando le dijeron que no podía comer dulces. (Una vez más, la madre ya ha intentado la *Instrucción Correctiva*, pero como la conducta del niño se hizo muy intensa con mucha rapidez, decidió empezar la *Enseñanza del Dominio Propio*).

Ejemplo

5. Indicar el comportamiento deseado mediante La Imagen y la Palabra (Conservar la Calma) • Comience con elogios o empatía. • Describa o demuestre en forma específica cómo calmarse.	*"Sé que es difícil estar calmado cuando no puedes comer dulces. Pero en lugar de gritar y patalear, ¿qué te parece si cuentas hasta 10?".*
6. Dar una razón • Que sea apropiada para el nivel de desarrollo del niño. • Sea breve.	*"Si puedes conservar la calma contando hasta 10 en lugar de gritar y patalear, podrías comer unos dulces más tarde".*
7. Practicar (Mantenga la Calma) • Utilice la simulación, un juego o una situación real. • Haga practicar al niño lo que le enseñó. • Sea breve.	*"De acuerdo, practiquemos contar hasta 10 juntos. ¿Listo? 1, 2, 3, 4, 5..."*
8. Mostrar aprobación • Felicítelo o haga un comentario halagador. • Sonría, abrácelo o tóquelo.	*"Vaya, fue una gran práctica de contar para conservar la calma. ¡Un gran beso para ti!"*

La *Fase de Instrucción* permite a los padres ayudar a sus hijos a hacer cambios positivos después de un estallido emocional. Cada vez que los padres instruyen a sus niños después de una situación de estallido emocional, los ayudan a comprender mejor que deben aprender a controlar sus emociones y que sus comportamientos no impedirán que sus padres terminen por enseñarles lo que necesitan aprender.

Claves para la Enseñanza Efectiva del Dominio Propio

Estas son algunas claves a tener en cuenta cuando se utiliza la *Enseñanza del Dominio Propio.*

* **Concéntrese en el Tiempo de Inclusión.** Los padres deberían pasar tiempo con sus hijos haciendo cosas divertidas para que ellos noten que los buenos comportamientos logran que sus padres pasen más tiempo con ellos y les presten más atención. Si reciben de sus padres el máximo de atención y tiempo cuando están disgustados o tienen una rabieta, hay más probabilidades de que tengan esas conductas en el futuro sin importar a qué precio.
* **Conserve la calma.** Cuanto más calmos se mantienen los padres, más fácil les resulta calmarse a los pequeños. Utilice su *Plan para Conservar la Calma.*
* **Dé todo el tiempo que sea necesario.** *Calmarse* no funciona bien cuando se hace en forma apresurada. Dé a sus hijos y dese también todo el tiempo que necesiten para calmarse.

* **Asegúrese de utilizar la Fase de Instrucción.** Esto lo ayudará a incentivar los avances, realizar prácticas adicionales, desalentar futuras rabietas o lograr otra de sus metas de enseñanza.
* **Use razones para niños.** Son buenas para demostrarles que las rabietas no son útiles y que calmarse rápido es una mejor opción.

> "La manera más rápida en que un padre puede obtener la atención de un niño es sentarse y dar la impresión de estar cómodo".
>
> — *Lane Olinghouse*

* **Planifique con anticipación.** Todos los niños (y padres) en ocasiones se ven dominados por las emociones. Use la *Instrucción Preventiva* con frecuencia para preparar a su hijo para el éxito en todas las situaciones. Utilice también la *Instrucción Preventiva* para practicar formas de calmarse.

Sugerencias Útiles

La parte más difícil de la *Enseñanza del Dominio Propio* es tener que usarla cuando se desbocan las emociones de su hijo (y tal vez las suyas). Como ayuda para manejar con eficacia estas situaciones estresantes, tenga presentes las siguientes sugerencias útiles:

Sea consciente de sus acciones físicas

Lo que usted hace suele ser más poderoso que lo que dice. Cuando intente ayudar a sus hijos a que encuentren el modo de calmarse, es importante que no los distraiga ni atemorice con expresiones faciales de enojo, tonos de voz elevados ni gestos severos. Recuerde: todo lo que hace cuando está enojado da "permiso" a sus hijos para hacer lo mismo cuando ellos están enojados.

Busque cooperación

Al igual que en la *Instrucción Correctiva*, use elogios y aliento para ayudar a los niños realizar cambios después de haber tenido problemas. Los padres pueden estimular a sus hijos por probar estrategias para calmarse, tomarse tiempo para recuperar la calma, calmarse más rápido de lo habitual, practicar durante la *Fase de Instrucción*, disculparse, aceptar consecuencias y hacer otros esfuerzos para encarrilarse.

Tenga expectativas razonables

Es normal que los niños pequeños a veces lloriqueen o sean testarudos. No espere obediencia absoluta. Ellos están siempre desafiando los límites: forma parte de su desarrollo. Establezca límites por adelantado y explique estas reglas con un lenguaje simple. La cantidad de normas que establezca debería aumentar a medida que su hijo crezca y elevar su capacidad de comprender y poner en práctica un comportamiento. Algunas malas conductas menores simplemente pueden ignorarse. Otras se pueden encarar con tacto y firmeza, y se superan con rapidez. Pero no caiga en la exageración de esperar que su hijo haga algo que no es capaz de hacer.

Cuando haya un cambio de rutinas o reglas, hágaselo saber a su hijo con delicadeza: por ejemplo, si cambia la hora de cenar o la hora en que debe estar listo para acostarse. A los niños les gusta la comodidad de la rutina, y su interrupción abrupta puede causar rabietas. Decir por ejemplo *"Vamos a comer en 10 minutos. ¿Por qué no empiezas a guardar los juguetes ahora?"* da a su hijo la oportunidad de ajustarse a una nueva expectativa.

Cuando nada parece funcionar...

Si ha empleado con constancia y calma las técnicas de la *Enseñanza del Dominio Propio* pero su hijo continúa teniendo rabietas frecuentes y violentas (en especial después de los cuatro años), o se ha lastimado o ha herido a otra persona, hable con el pediatra para asegurarse de que no haya problemas físicos o psicológicos serios que desencadenen dicho comportamiento.

Herramientas Adicionales de Crianza para Calmar Niños

La Enseñanza del Dominio Propio es una herramienta que los padres deberían usar para ayudar a los niños a estar tranquilos y enseñarles a conservar la calma en situaciones futuras. Como no hay dos niños iguales y con algunos pueden funcionar mejor diferentes enfoques, es posible que desee intentar usar algunas de estas otras herramientas de crianza:

Redirigir: haga participar a su hijo en otra actividad constructiva. *"¿Por qué no me ayudas a guardar los alimentos?"*

Rehacer/Practicar: haga que su hijo repita una acción o una frase de manera apropiada después de que lo hizo en forma incorrecta. *"¿Podrías decir 'de acuerdo' después de que te diga 'no'? Intentémoslo".*

Desahacer: revierta o corrija los efectos de un comportamiento negativo. *"Di: 'Papá, lamento haber gritado'".*

Tiempo Quieto: aparte al niño de aquello que lo divierte por un período breve que debe cumplir en silencio. *"Como gritaste y pataleaste durante tanto tiempo, deberás cumplir con un Tiempo Quieto de tres minutos".*

Practicar Destrezas para Calmarse: ensaye una de las destreza que ha enseñado a su hijo durante la *Instrucción Preventiva. "Practiquemos respirar profundo para cuando comiences a sentirte disgustado".*

Practicar Destrezas Sociales: enseñe un comportamiento que podría ayudar al niño a no frustrarse ni enojarse y evitar que se produzca la conducta problemática. *"Practiquemos cómo aceptar 'no' como respuesta".*

Consecuencias Adicionales: elimine un privilegio o una pertenencia durante un período corto. *"No puedes comer bocadillos hasta que mamá te diga".*

Volver al Problema Original: pregunte a su hijo qué causó el estallido y busquen juntos maneras de corregirlo en el futuro. *"Hablemos de por qué te enojaste tanto".*

No se sorprenda si usa más de una destreza o herramienta a la vez para ayudar a su hijo a mejorar su comportamiento. A veces es fácil usar varias de estas opciones combinadas porque se pueden completar en poco tiempo.

Tampoco es raro que los padres de un niño elijan opciones diferentes a las que usan los padres de otro, aun cuando ambos niños hayan hecho lo mismo. Todo depende de lo que crean los padres que el niño necesita aprender más. Veamos un ejemplo:

Un niño muerde a su hermana durante una discusión por un juguete que ambos quieren usar. Un padre podría elegir poner al niño de inmediato en Tiempo Quieto y decir con firmeza: *"No muerdas. Eso lastima"*, y luego dirigir su atención a la hija. Otro podría querer enseñar al niño la destreza de disculparse y, para ello, hacer que le diga a su hermana que lo siente (se enseña una destreza social) y luego que le ofrezca algo agradable para compensar la mordida. Otro podría quitarle una pertenencia o impedirle hacer una actividad al niño, como quitarle el juguete que causó el conflicto y ponerlo en Tiempo Quieto (consecuencias adicionales). Y otro, incluso, podría concentrarse en ayudar al niño a practicar estrategias para calmarse.

Como puede verse, las tolerancias y el punto de vista de los padres juegan un papel importante en la decisión de utilizar una interacción completa de *Enseñanza del Dominio Propio* o de elegir otra herramienta de crianza cuando los niños pierden su dominio propio. En cada ejemplo, los padres eligieron métodos que a su criterio eran los mejores para enseñar a sus hijos el dominio propio y otras destrezas importantes.

Como siempre, recomendamos que siga utilizando todas las interacciones de enseñanza de CSP para reforzar comportamientos apropiados, prevenir problemas de conducta y abordar problemas de conducta cuando son pequeños. Estas interacciones también pueden ser útiles cuando se les enseña a conservar la calma y mantener el dominio propio a los hijos.

Los Elogios Eficaces se pueden usar en situaciones en las que los niños se calman antes de que empeore su comportamiento o cuando han demostrado avances en su capacidad de calmarse solos. Los padres pueden elogiar a sus hijos por probar ideas propias para calmarse, por tomarse tiempo para recuperar la tranquilidad, por calmarse más rápido que en situaciones anteriores o incluso por disculparse por cosas que dijeron o hicieron.

Puede ser algo como: *"¡Buen trabajo! Recordaste respirar profundo y dijiste con calma 'Estoy enojado' tú solo.* (Volver al problema original.) *Como hiciste eso, podemos volver a hablar de lo que te molesta. ¿Por qué no me dices qué es lo que te molesta?"*.

La Instrucción Preventiva es útil cuando los padres sienten que se necesita una enseñanza o práctica adicional. Los padres pueden usar la *Instrucción Preventiva* para enseñar una nueva estrategia para calmarse o una destreza social que podría haber ayudado al niño en la situación original. Es probable que el uso de la *Instrucción Preventiva* sea más apropiado cuando los comportamientos emocionales del niño necesitan atención, pero no son demasiado agresivos ni inapropiados.

Por ejemplo: *"La próxima vez que estés enojado, di: 'Mamá, estoy enojado'. Así es posible que pueda ayudarte a buscar una mejor forma de manejarlo. Practiquemos respirar profundo para que no te disgustes tanto la próxima vez"*. (Practiquen una destreza para calmarse.)

La Instrucción Correctiva también se puede usar durante la *Fase de Instrucción*. Para una mayor eficacia, es importante que el niño esté tranquilo antes de comenzar esta interacción.

Las situaciones más apropiadas para usar la Instrucción Correctiva son cuando los comportamientos problemáticos iniciales del niño son tan perjudiciales que es necesario atenderlos o cuando los padres reconocen que el pequeño recurre a los estallidos emocionales para evitar consecuencias. En estas situaciones, se hace necesario aplicar una consecuencia negativa para mostrar al niño que los malos comportamientos graves y frecuentes sólo empeoran las cosas.

Esta enseñanza podría ser algo como: *"Me alegro de que estés más tranquilo ahora. Antes no dejabas de gritar ni ibas a tu habitación a calmarte cuando te lo pedía. Como no lo hiciste, tendrás que permanecer sentado en Tiempo Quieto durante cinco minutos"*. (Uso del Tiempo Quieto)

Cuando termina el Tiempo Quieto, el padre dice: *"Gracias por estar sentado en forma tranquila en Tiempo Quieto. Conservar la calma te ayuda a obtener más tiempo de juego después. Ahora practiquemos qué puedes hacer la próxima vez que te sientas disgustado"*.

(Analice los detalles de estas interacciones de enseñanza en los capítulos sobre *Elogios Eficaces*, *Instrucción Preventiva* e *Instrucción Correctiva*).

En Resumen

Responder a los estallidos emocionales de un niño nunca es una experiencia placentera. Sin embargo, es una parte inevitable de su crianza. Puede que estas situaciones sean pocas y espaciadas en su familia o tal vez sucedan con más frecuencia de la que está dispuesto a reconocer.

Ya sea que desee hacer unas pequeñas correcciones a la manera en que maneja estas situaciones o necesite comenzar de nuevo, la *Enseñanza del Dominio Propio* puede ayudar. La calma en su actitud e instrucción puede ayudar a sus hijos a hacer grandes avances en esta área. Algunos niños lo comprenden rápido, mientras que otros pueden necesitar más tiempo. Sea paciente y busque mejoras. Enséñeles a sus hijos a conservar la calma y permítase hacer lo mismo. La *Enseñanza del Dominio Propio* puede ayudar con ambas cosas.

[1] Eisenberg, A., Murkoff, H.E. y Hathaway, S.E. (1994). *What to expect: The toddler years (Qué esperar: los años de infancia)*. Nueva York: Workman Publishing.

Preguntas Frecuentes sobre **Enseñanza del Dominio Propio**

P **"Cuando mi hija tiene rabietas, no deja de seguirme. ¿Qué debería hacer cuando estoy realmente enojada y necesito estar a solas?"**

R En un momento neutro, elabore un *Plan para Conservar la Calma* para usted. Use la *Instrucción Preventiva* para practicar lo que usted y ella harán para conservar la calma. Dígale que si va a su lugar para calmarse, tardará menos en escucharla. Preste atención a sus señales de alarma iniciales. Cuando ella comience a alterarse, recuérdele lo que han acordado. Si no responde de manera apropiada, concentre su atención en otras cosas y espere con calma. Aplique consecuencias si continúa siguiéndola. Con el tiempo aprenderá que mediante lloriqueos e intimidaciones no logrará que usted le permita hacer lo que desea.

P **"¿Cómo puedo corregir a mi hijo por gritar cuando sé que sólo está imitando lo que hago yo cuando me enojo?"**

R Ser un modelo de comportamientos, tanto positivos como negativos, influye mucho en los hijos. Dar un buen ejemplo es de gran ayuda para que ellos aprendan a manejar situaciones frustrantes. Los niños aprenden mucho mediante la observación. Por lo tanto, respire profundo o use otra estrategia calmante que lo ayude a controlar sus propias reacciones negativas. No se aprende a responder con calma de un día para el otro pero, con esfuerzo y un eficaz *Plan para Conservar la Calma*, podrá lograrlo. Mientras tanto, continúe usando la *Instrucción Correctiva* y la *Enseñanza del Dominio Propio* para lidiar con los malos comportamientos.

P **"Mi hijo no reacciona con rabietas: simplemente se niega a hacer lo que le pido. ¿Está fuera de control? ¿Qué debo hacer?"**

R Sí. Está fuera de control. Cuando los niños se rehúsan a corregir su mal comportamiento, ya sea con actitudes agresivas (rabietas) o pasivas (esconderse bajo la cama), están fuera de control. Es importante darles tiempo para que se calmen. Compruebe con frecuencia si su hijo está dispuesto a cooperar. Cuando se haya calmado, enséñele una manera aceptable de expresar sus sentimientos y sugiérale diferentes palabras apropiadas para expresarse cuando esté enojado.

P **"¿Qué hago si mi hija tiene una rabieta a la mañana cuando tengo que ir a trabajar?"**

R Si se trata de un problema frecuente, es conveniente enfrentarlo en ese mismo momento. Llévela a un lugar seguro, dele instrucciones breves para que se calme y use el Tiempo Quieto como consecuencia. Luego continúe con su rutina matinal. No interactúe con ella hasta que esté tranquila. Si tiene que conducir a la guardería o a la casa de la niñera, puede cumplir con el Tiempo Quieto en el asiento del automóvil durante el viaje. Active el cronómetro y recuérdele por qué debe cumplir con el Tiempo

Quieto. Mientras continúa con su rutina matinal, hágala practicar cómo calmarse. Recuerde usar la *Instrucción Preventiva* y la *Instrucción Correctiva* para reducir la frecuencia de rabietas.

P

"Cuando mi hijo de dos años se enoja, me golpea. ¿Qué puedo hacer?"

R

Golpear no está bien, aunque lo haga un niño de dos años. Dígale con firmeza: "Golpear lastima. No golpees". Luego llévelo a un lugar seguro y haga una pausa. Cuando la situación esté más tranquila, enséñele lo que debe hacer en lugar de golpear. Averigüe qué lo está frustrando y preste atención a las señales de alarma iniciales que indiquen que está por golpearlo. No responda con golpes para mostrarle que duele: esto sólo sirve de modelo para que el niño imite el tipo de comportamiento que usted está intentando detener.

14

¡Todos Juntos Ahora!

Cómo Mejorar la Vida Familiar

En este libro hemos hablado mucho de los altibajos de la vida en familia y de lo que podemos hacer como padres para ayudar a nuestros hijos a comportarse mejor. Esperamos que las lecciones de *La Crianza Práctica de los Hijos* sean útiles para que les enseñen a sus hijos las lecciones que deben aprender mientras crecen.

Gracias a nuestros años de experiencia en el trabajo con padres de todo el mundo, sabemos que también quieren conocer otros aspectos de la crianza que son importantes para ayudar a moldear la vida de los niños. Cosas como iniciar tradiciones familiares, celebrar días festivos y acontecimientos especiales, establecer rutinas diarias y enfatizar los valores familiares pueden mejorar la vida en el hogar para todos.

Creación de Tradiciones Familiares

> Algunos juguetes infantiles solían ser herramientas. Los cazadores filipinos usaban yoyós grandes para atrapar animales salvajes. En China, se volaban cometas con ciertos esquemas para comunicarse entre campamentos militares.

Las tradiciones son una parte importante de la vida familiar. Ayudan a definir nuestra familia y le dan una identidad única. Las tradiciones son las reglas, rutinas, celebraciones y hábitos que hacen que cada familia sea especial.

Ya sea con una comida especial o una manera única de celebrar un día festivo, todos conocemos familias que hacen un trabajo maravilloso para celebrarse a sí mismas con sus tradiciones.

Las tradiciones también forman recuerdos de infancia y acercan más a los integrantes de la familia. Las tradiciones más antiguas ayudan a vincular generaciones, ya que se transmiten de abuelos a padres y de padres a hijos. Dan a sus integrantes un sentido histórico de su familia. También se pueden iniciar tradiciones nuevas que luego se mantienen cuando los hijos crecen.

Las tradiciones familiares pueden tomar muchas formas diferentes. A la mayoría de nosotros, nos vienen a la mente recuerdos de días festivos cuando pensamos en ellas. Sin embargo, también incluyen otros tipos de celebraciones y actividades familiares. Las tradiciones de una familia son todo aquello que la hacen especial. En este capítulo, hablaremos de cuatro tipos de tradiciones familiares: días festivos, eventos especiales, rutinas diarias y valores familiares.

Celebración de Fiestas y Eventos Especiales

Las celebraciones de días festivos son el tipo de tradición familiar más común. Las familias los celebran de muchas maneras. Muchas invitan a otros parientes y amigos a una comida especial. Las tradiciones de días festivos también pueden ser asistir juntos a servicios religiosos, dar obsequios o hacer una salida juntos.

Los cumpleaños, las bodas y los aniversarios son sólo algunos de los eventos especiales que las familias celebran con tradiciones. Muchas familias también crean celebraciones alrededor de otros acontecimientos especiales como momentos importantes en la vida de los niños, como aprender a caminar, el primer día de escuela, obtener una licencia de conducir o graduarse de la escuela secundaria, y grandes acontecimientos para la familia, como tener un hijo, comprar una casa o el viaje anual de vacaciones en familia.

Cuando su familia celebre días festivos o acontecimientos especiales, no olvide hablar con sus hijos acerca de los detalles específicos de la celebración, tales como quiénes asistirán a una comida familiar o qué comidas se servirán. Asegúrese de que los niños ayuden con los planes y los preparativos de la celebración, ya sea poner la mesa o saludar a los invitados. Su objetivo debe ser hacerlos sentir una parte valiosa de su familia.

También hábleles de por qué la celebración es importante. Por ejemplo, a un niño muy pequeño, podría explicarle cómo se celebra la Navidad en su familia de la siguiente manera: *"Nuestra familia se reúne todos los años en Navidad. Es un día especial, así que queremos estar juntos"*.

A medida que los niños crezcan, puede ir dándoles más detalles acerca de cómo se iniciaron las tradiciones de su familia y por qué son importantes. Estos detalles ayudarán a que los niños comprendan las tradiciones, de modo que puedan continuarlas cuando sean adultos o las adapten a su propia vida a medida que envejecen. Las tradiciones vinculan a cada generación con el pasado.

Para algunas personas, los recuerdos de días festivos y acontecimientos especiales pueden no ser agradables. Si ese es el caso de su familia, intente establecer tradiciones nuevas con sus hijos para celebrar ocasiones especiales y darles un nuevo significado.

Los cambios en la vida familiar pueden exigir cambios en sus tradiciones. La muerte de un familiar, un divorcio, alguien que se vuelve a casar o la mudanza a una nueva casa podrían llevar a que la familia deba crear nuevas tradiciones o encontrar una manera diferente de celebrar las ya existentes.

Por ejemplo, una familia que conocemos se mudó a una ciudad alejada del lugar de residencia de sus parientes.

Como no podían viajar siempre para pasar los días festivos con sus parientes, iniciaron una nueva tradición: invitar a amigos y compañeros de trabajo para celebrar compartiendo una comida.

La manera en la cual las familias celebran y honran este tipo de acontecimientos puede ser fuente de muchos recuerdos perdurables, hacer que las personas se sientan especiales y agrandar a la familia con personas muy cercanas. Piense en su infancia: ¿qué acontecimientos especiales recuerda?

Aquí figuran algunos ejemplos de tradiciones para celebrar días festivos religiosos o culturales:

* Asistir a servicios religiosos en familia.
* Organizar una comida con parientes y amigos en la que todos colaboren con algo.
* Preparar comidas especiales para celebrar la herencia religiosa, étnica o cultural de su familia.
* Realizar actividades especiales en el hogar en las que participen todos los integrantes de la familia: decorar la casa, preparar comida, comer juntos, mirar uno de los videos preferidos de la familia o un especial de televisión por el día festivo, jugar juegos juntos, tomarse fotos en familia, etc.
* Programar salidas en familia: pueden ser salidas elaboradas, como ir a esquiar, o simples, como caminar por el parque, visitar un museo o salir en automóvil a recorrer la ciudad y mirar las luces decorativas. Algunas ideas: búsquedas de huevos de Pascua, cantar villancicos, asis-

tir a conciertos o picnics por el Día de la Independencia, hacer paseos de compras para las fiestas, etc.

* Pasar parte del día juntos como voluntarios en un comedor o un refugio para personas sin hogar o hacer algún otro proyecto de servicio a la comunidad.
* Hablar con sus hijos acerca de su herencia étnica, cultural o religiosa en días festivos como el Cinco de Mayo, Kwanzaa, el Día de San Patricio, Pascuas, Navidad, Janucá, la Primera Comunión, la Confirmación, el Bar Mitzvah u otras celebraciones religiosas.

A continuación, incluimos varias maneras de celebrar acontecimientos especiales en la vida de los integrantes de la familia:

Cumpleaños: la persona que cumple años puede elegir el menú de la cena. Mirar fotos de la celebración del año anterior.

Aniversarios: en su aniversario, miren el álbum de bodas, muestre a sus hijos fotos de su día especial y comparta recuerdos de cómo fue.

Logros Especiales: celebre que empezó a enseñarle a su hijo a usar el baño, el primer día en el jardín de infancia, un día excelente en la clase de gimnasia, que su hija fue elegida para ser dama de honor o para llevar el anillo en una boda familiar, y otros logros. Para hacerlo, se puede tomar fotografías, servir una comida especial, salir a cenar o sólo hablar del logro y decir elogios.

Otras Ocasiones: cuando se incorpora una nueva mascota a la casa, se puede organizar una reunión familiar para elegir el nombre. Para celebrar la mudanza a una casa o departamento nuevos, se podría hacer un picnic en el piso el día de la mudanza.

Seguimiento de Rutinas Diarias

Créalo o no, las rutinas cotidianas también se pueden considerar tradiciones familiares. Existen muchas rutinas diarias que hacen especiales a las familias y forman recuerdos perdurables.

Pueden comer juntos, leer cuentos a la hora de dormir, tomar un desayuno "especial" en la mañana del sábado, decir oraciones a la hora de comer o acostarse, alquilar una película para toda la familia y dar un beso a los niños cuando parten para la guardería o la escuela.

También podemos incluir hacer que los niños coman todas las verduras, que se descalcen cuando entran a la casa, que hagan la tarea antes de mirar televisión, que se laven las manos antes de cenar y que ayuden con las tareas domésticas.

A todas las rutinas regulares que dan identidad a una familia o la ayudan a pasar el día se las puede considerar tradiciones familiares. Estas rutinas ofrecen seguridad, ya que permite que los integrantes de la familia sepan cuándo algo es normal. Sienten que falta algo cuando una de estas costumbres no se cumple. Estos tipos de rutinas dan a los niños una sensación de comodidad y seguridad, y pueden ayudar a desarrollar hábitos positivos. Piense en algunas de las rutinas diarias de su infancia; quizá quiera usar algunas de ellas con sus hijos o iniciar nuevas tradiciones diarias.

A continuación, presentamos algunos ejemplos de tradiciones que pueden formar parte de las rutinas cotidianas:

Por la mañana: diga a todos *"los quiero"* antes de salir de la casa. Desayunen juntos. Si debe salir antes de que el resto de la familia desayune, deje una nota que diga *"¡Qué tengan un gran día!"* en la mesa de la cocina.

Por la noche: cenen juntos, dediquen tiempo a hablar sobre cómo fue su día, léales cuentos a la hora de dormir a sus hijos, miren un video juntos o lean juntos en silencio.

La hora de comer: bendiga la mesa, siéntense a la mesa en lugares específicos, sirva una comida especial una noche determinada (por ejemplo, el viernes es noche de pizza), de vez en cuando deje a los niños elegir la cena.

Fines de semana: hagan desayunos especiales los sábados o domingos por la mañana, deje que los niños vayan con usted a hacer recados, tengan una noche de juegos, vayan de caminata o anden en bicicleta juntos los fines de semana a la tarde, salgan de excursión en familia o vayan a la biblioteca a mirar libros.

Inculcación de Valores Familiares

Hemos descrito las tradiciones familiares como celebraciones o rutinas que hacen únicas a las familias, acercan a sus integrantes y, a veces, se transmiten de generación en generación.

Los valores familiares pueden ser otro tipo de tradición. Son aquellas creencias y costumbres que los integrantes de la familia consideran importantes. Les hacen recordar qué se espera y en qué cree firmemente la familia. Nos orientan y nos ayudan a tomar decisiones. Los valores familiares son los ideales que los padres desean legar a sus hijos.

Entre los ejemplos de valores familiares están la honestidad, la integridad, el civismo, la bondad, la paciencia, el perdón, el dominio propio, etc. Las familias incorporan sus valores a la vida mediante los actos de compartir, ayudar a otros, ir a la iglesia, planificar y ahorrar para el futuro, pasar tiempo juntos, disculparse por errores cometidos, mostrar preocupación por los demás, dar lo mejor de sí, etc.

Estos valores les son enseñados a los niños (cuando escuchan a sus padres) y son incorporados por ellos (cuando miran a sus padres actuar). Piense en los años de su infancia: ¿qué valores le mostraron o intentaron inculcarle sus padres?

En Resumen

Piense en las tradiciones y las rutinas diarias como una manera de celebrar a su familia. Las actividades que elija no tienen que ser elaboradas. Lo importante es que las lleven a cabo y se unan como familia.

Creemos que una buena manera de ayudarlo a recordar la importancia de las celebraciones simples es relatar la historia que nos contó una amiga acerca de uno de los recuerdos de infancia más marcados en su memoria: el día de verano, décadas atrás, en el que su madre preparó limonada y sándwiches de mantequilla de maní, y llevó a sus dos hijos al jardín trasero para disfrutar de un picnic espontáneo.

Nuestra amiga todavía recuerda cómo fue sentarse en el suelo y sentir la hierba punzante bajo un cubrecama, comer su sándwich y sentir el calor del sol en su rostro.

Esa madre tenía la cualidad de hacer de lo simple algo extraordinario. Creemos que de eso se trata crear tradiciones: poder formar recuerdos maravillosos y celebrar sin perderse en la celebración.

15

¡Cuestión de Rutina!

Aprender a Usar el Baño, Viajes, Hora de Acostarse y Comidas

Aprender a usar el baño, cómo comportarse en las salidas y seguir las rutinas correspondientes a la hora de comer y de acostarse son sólo algunas de las destrezas esenciales que los padres quieren que sus hijos aprendan, pero con las cuales los niños pequeños pueden tener dificultades. En este capítulo, proporcionaremos información y algunas ideas útiles para ayudar a los niños pequeños a desarrollar estas destrezas.

Aprender a Usar el Baño

La idea detrás del viejo refrán *"Se puede llevar un caballo hasta la fuente, pero no se lo puede obligar a que beba"* es probablemente la mejor manera de ver el entrenamiento de sus hijos para que aprendan a usar el baño. Para aprender a usar el baño hay que practicar. Usted puede hacer que su hijo practique, pero él es quien decidirá finalmente cuándo estará listo para comenzar a usar el baño.

Antes de iniciar un programa de prácticas, es necesario que determine si su hijo está listo para aprender a usar el baño por su cuenta.

Hable con el pediatra para que lo aconseje acerca de cuándo y cómo comenzar a practicar el uso del baño. Además, tenga las siguientes preguntas en cuenta, ya que lo ayudarán a determinar si su hijo tiene la madurez física y la capacidad mental para iniciar el proceso:

* ¿Es consciente mi hijo de cómo funciona su cuerpo?
* ¿Comprende lo que significa usar el baño?
* ¿Sabe cómo vestirse y desvestirse?
* ¿Tiene la capacidad física de controlar la vejiga y los intestinos?
* ¿Puede seguir instrucciones y hablar con claridad?

Haga que la instalación del adaptador infantil para baño sea una gran ocasión. Muéstrele a su hijo cómo usarlo y háblele de lo estupendo que es. Cuando esté listo para comenzar a practicar, trate de que el proceso no sea atemorizante ni ejerza presión.

Al comienzo, deje que su hijo use el adaptador tanto, o tan poco, como lo desee. También puede usar un cuadro de mérito con calcomanías (consulte el ejemplo en la página 134) o algún otro sistema para medir los intentos, los avances y los logros.

Recuerde que cada niño necesita su propio tiempo para aprender esta lección. Algunos aprenden con facilidad, mientras que otros necesitan mucho tiempo, práctica y supervisión. Cualesquiera sean los métodos que decida usar, asegúrese de hacerlo sin apuro y tener mucha paciencia. No olvide elogiar los intentos y recompensar los avances. Los padres y los hermanos mayores también pueden actuar como guías alentándolos y hablándoles sobre cómo funciona este acontecimiento especial.

Su principal responsabilidad en el entrenamiento es proporcionar las herramientas adecuadas, como un adaptador seguro que a los niños les resulte fácil de usar y ropa interior que se puedan bajar y subir sin dificultad.

Además, es recomendable pensar en cosas que incentiven a los niños a usar el baño de manera consistente; por ejemplo, leer libros especiales, tener juguetes que se utilicen únicamente cuando debe ir al baño o hablar sobre las ventajas de practicar usar el baño. Estas ventajas pueden ser la posibilidad de pasar más tiempo fuera de casa sin preocuparse por los pañales.

Consejos para las prácticas nocturnas

Los padres se preguntan, a menudo, cómo deben enseñar a sus hijos a despertarse durante la noche para ir al baño y evitar mojar la cama. Algunos se concentran en la práctica diurna primero y, luego, trabajan en la práctica nocturna.

Para comenzar con la práctica nocturna, se puede usar la *Instrucción Preventiva* y practicar despertando al niño durante las siestas diurnas. Luego, el siguiente paso puede ser despertarlo a cierta hora cada noche para que vaya al baño. Recuerde que es importante tener mucha paciencia y ser generoso con los elogios. Si el niño continúa mojando la cama después de los seis años, los padres deben pedir consejo al pediatra.

> "Está de más decir que nunca se deberían tener más hijos que ventanas en el automóvil".
>
> *- Erma Bombeck*

Elogie los éxitos

Una vez que su hijo haya aprendido a usar el baño, ¡celébrelo! Usted y su hijo se lo merecen. Puede llamar a los abuelos y contarles del logro. Si el padre o la madre han estado en el trabajo o fuera de la casa un día en que la práctica fue exitosa, cuando regrese, haga que su hijo le cuente la buena noticia con todos los detalles. O haga una ceremonia de despedida de los pañales y de elección de los nuevos pantalones de práctica decorados con personajes de dibujos animados o personajes de acción.

Espere que se produzcan accidentes

Cuando se produzca algún accidente, no haga un escándalo ni haga comentarios negativos. Sólo dígale a su hijo cómo puede desahacer la situación o rehacer lo que hizo mal, y elógielo por el esfuerzo. Es un error convertir la práctica de uso del baño en algo terrible que produzca pavor a los padres y que los niños quieran evitar. En cambio, haga de ella un acontecimiento especial, con todos sus altibajos, que se convierta en una meta importante que su familia alcance en conjunto.

Viajes

Con un poco de enseñanza, planificación y creatividad, puede llevar a sus niños pequeños a hacer compras o a otras salidas, y no tener que preocuparse por problemas de comportamiento.

En primer lugar, antes de dirigirse hacia la puerta, hable del viaje con sus hijos. Aunque sólo vaya a la tienda a comprar pocos artículos, dígales, de manera simple, qué hará en la tienda y cómo espera que se comporten.

Diga, por ejemplo: *"Lucía, vamos a ir al centro comercial unos minutos a buscar el regalo de cumpleaños para la abuela. No tendremos tiempo de detenernos en ninguno de los otros negocios; así que no pidas que lo hagamos, por favor. La próxima vez, nos quedaremos más tiempo".*

Otra manera de hacer más fácil el viaje de compras es convertirlo en un juego. Lo podría llamar "Desafío en la tienda". El juego funciona así: Lleve, en el auto, un pequeño cronómetro de cocina. Ajústelo en un tiempo razonable, según lo que necesite hacer en la tienda. Dígales a sus niños, por adelantado, que su rol en el juego es entrar con usted lo más rápido y tranquilos que puedan sin tocar nada ni pedirle que les compre algo.

El juego se pone interesante cuando usted intenta hacer las cosas a tiempo y los niños tratan de comportarse de manera apropiada. Si todos regresan al automóvil antes de que se termine el tiempo y nadie se comportó mal, puede ofrecerles un bocadillo especial.

Puede usar un tipo de juego similar para favorecer el buen comportamiento en viajes largos en automóvil. Como preparación para viajes largos, refuerce el buen comportamiento en varios viajes más cortos. Use las técnicas de la *Instrucción Preventiva* para enseñarles qué comportamientos quiere que tengan.

Usted y sus hijos tendrán más confianza y comodidad para realizar viajes cuando todos practiquen métodos para disfrutarlos más.

A continuación, incluimos otros consejos para disfrutar más los viajes con niños pequeños:

Observe los signos de fatiga:

Cuando los niños están cansados, disminuye su capacidad para seguir instrucciones y comportarse bien. Haga una pausa o regrese a casa cuando note que sus hijos están cansados o usted está agotado.

Lleve los suministros necesarios:

Sean pañales, juguetes, libros, vasos con tapa y sorbete, o bocadillos para la tarde, asegúrese de llevar todo lo que necesite para sustentar a niños pequeños en viajes cortos o largos.

Haga que sus hijos sean sus compañeros de viaje:

Sus hijos pequeños son sus compañeros en el viaje, aunque sólo se trate de ir a comprar leche. Hable con ellos en el automóvil y conversen acerca de los artículos que vean en la tienda. Hágales preguntas. Escuche lo que tienen para decir, tal como lo haría con un compañero de viaje adulto. Señale cosas interesantes a lo largo del camino. Convierta el viaje en una oportunidad de pasar juntos momentos divertidos.

Rutinas para la Hora de Acostarse

La hora de ir a la cama puede ser una lucha para algunas familias. Hay niños que tienen dificultad para ir directo a la cama, mientras que otros pueden tener problemas para quedarse en la cama cuando ya han dado las buenas noches. Establecer una rutina para la hora de acostarse es una manera de guiar con delicadeza a los niños en lo que puede ser un momento difícil del día.

En primer lugar, determine qué tareas deben formar parte de la rutina, tales como tomar un baño, cepillarse los dientes o leer un cuento antes de dar las buenas noches. Luego, defina cuánto tiempo lleva completar esas tareas. A continuación, establezca un programa para que esas tareas estén listas todas las noches antes de que llegue la hora de acostarse. Algunas familias las programan una después de la otra y justo antes de que el niño deba ir a dormir. Otras las distribuyen a lo largo de la noche.

Si nunca ha usado un programa de tareas, hable con sus hijos acerca de cómo funcionará y responda a las preguntas que quieran hacerle. Hágalos saber que se trata del programa de tareas que todos seguirán y asegúrese de que así sea.

No se sorprenda si, al principio, los niños desafían los límites y recurren a maniobras dilatorias para quedarse hasta tarde, discuten o, simplemente, no cumplen el programa. Mantenga la calma y ayúdelos a concentrarse en lo que deberían estar haciendo para cumplir el programa. Por ejemplo, podría limitarse a redirigir a su hijo con este enunciado: *"No vamos a hablar de eso ahora. Ven conmigo. Vamos a lavarte los dientes"*.

Una manera de que todo vaya mejor a la hora de ir a la cama es dar a sus hijos sólo una o dos instrucciones a la vez, en lugar de recitar una larga lista de tareas.

Otra buena idea para quitarle dramatismo a este momento del día es seguir la rutina hasta el final una vez que se le da comienzo. Evite el uso del teléfono y otras distracciones que puedan apartarlos a usted y sus hijos de las tareas. Puede que, a veces, sea imposible evitar las interrupciones, pero haga cuanto pueda para que todos sigan avanzando hacia la misma meta.

Más allá de cómo arme el programa de tareas, recuerde que los niños responden con más entusiasmo a las rutinas cuando los padres participan y los estimulan, cuando ellos pueden dar su opinión en algunas actividades, y cuando la rutina es placentera en su mayor parte.

Algunas familias usan un juego de relevos para iniciar el programa para ir a la cama. Los niños verán estos relevos como un juego divertido en el que participa toda la familia, y los padres darán pasos importantes para que los niños estén listos para ir a acostarse.

He aquí cómo funciona: después del postre, cree un relevo de cepillado de dientes. Cada integrante de la familia debe cepillarse los dientes dos minutos. Use un cronómetro para controlar los tiempos. Comienza una persona y, cuando el tiempo se termina, uno de los hermanos o uno de los padres hace el relevo, y así continúa hasta que todos se hayan cepillado los dientes. El que tenga el último turno comienza un nuevo ciclo en el cual hay que ponerse el pijama, abrir la cama, dar un beso de buenas noches u otras tareas. Cuando el juego termina, todos están listos para acostarse. A los niños les gusta porque parece que están jugando. Además, ayuda a establecer la rutina.

> "Los bebés son necesarios para los adultos. Un nuevo bebé es como el principio de todas las cosas: maravilla, esperanza, un sueño de posibilidades. En un mundo que tala sus árboles para construir autopistas, que pierde su tierra bajo el hormigón... los bebés son casi el único vínculo restante con la naturaleza, con el mundo natural de las criaturas vivientes del que emanamos".
>
> *— Eda J. Le Shan*

A continuación, incluimos otras sugerencias para tener un exitoso programa para ir a la cama:

* Siga la misma rutina todas las noches, incluso cuando están de viaje.
* Evite los juegos físicos o bruscos con niños pequeños antes de prepararse para ir a dormir.

* Baje las luces y apague el televisor para indicar que la noche está comenzando. Ponga música tranquila y relajante.
* Lea libros de cuentos como parte de la rutina para ir a dormir. Haga de los cuentos un incentivo para prepararse para ir a la cama. Diga: *"Si te pones el pijama y te cepillas los dientes rápido, tendremos tiempo para un cuento"*.
* Digan juntos una oración antes de ir a dormir.

Cómo mantener a los niños en la cama:

Hasta ahora, hemos hablado de métodos para hacer que los niños vayan a dormir. Ahora, veamos algunas ideas para que se queden en la cama.

Cuando los niños han adoptado el hábito de levantarse de la cama con frecuencia, y los padres no los han corregido de inmediato, puede que no sea fácil cambiar repentinamente ese comportamiento. Establecer límites que exijan a sus hijos permanecer en la cama es el primer paso hacia el cambio. Los padres también pueden crear una rutina que haga que, de a poco, los niños vuelvan a la cama por su cuenta.

Una forma de hacerlo es ayudando a su hijo a crear un "semáforo" de cartulina. Corte un rectángulo de papel que servirá de caja del semáforo; luego, corte tres círculos verdes y uno rojo para las luces. Coloque cinta de enmascarar en la parte trasera de las luces verdes para que se puedan adherir y quitar con facilidad de la caja del semáforo. La luz roja se puede pegar a la caja para que se mantenga adherida.

Dígales a sus hijos que, una vez que se hayan acostado, tienen permiso para levantarse sólo tres veces para hacer ciertas cosas, tales como tomar agua, dar un beso extra de buenas noches o ir al baño. Cada vez que se levanten, deben llevarle una de las luces verdes que quiten del semáforo. Los padres deben decir lo mínimo posible y llevar rápidamente al niño a su dormitorio luego de utilizar una luz verde.

> El sonambulismo es más común en los niños que en las niñas y suele tener un componente hereditario.

Cuando se queda sin luces verdes, el niño no debe volver a levantarse. La luz roja que queda en el semáforo les indica que deben permanecer en la cama. En este momento, los padres pueden decir: *"La luz roja está encendida. Eso significa que tienes que quedarte en la cama"* (desde ya que si los niños se asustan o se sienten mal, debe reconfortarlos y no usar el juego del semáforo).

Cuando los niños se manejen mejor con el juego, puede limitar las luces verdes a dos o sólo una. Asegúrese de estimularlos a lo largo del proceso y celebre cuando comiencen a quedarse en la cama.

Los padres pueden proporcionarles objetos (un libro pequeño para dormir, un animal de peluche preferido, un reloj a cuerda, una manta suave especial o algún otro objeto seguro) que los niños pueden usar para volver a dormirse. Otro método simple es decirles que deben quedarse acostados, aunque no es necesario que se duerman. Eso les da la opción de elegir cuándo dormir y establece límites con respecto a dónde y cómo dormir solos.

Cómo manejar los temores nocturnos:

A veces, el sueño de los niños se ve interrumpido porque hablan durante el sueño, tienen sonambulismo, o padecen temores nocturnos o pesadillas. Los padres de los niños que tienen estos problemas deben proponerse eliminar las actividades vigorosas y las causas de agitación a la hora de acostarse. Tampoco deben dar a los niños alimentos o bebidas azucarados o con cafeína antes de que vayan a la cama.

En estos casos, es muy importante establecer una rutina regular. También puede ser útil usar cerraduras de seguridad y puertas y practicar técnicas de relajación. No permita que su hijo mire programas de televisión violentos o de mucha acción antes de ir a dormir. La música suave y los libros pueden ser excelentes herramientas para calmar la imaginación activa de los niños.

Los padres deberían saber que no es algo fuera de lo común que los niños pequeños tengan estas interrupciones del sueño y que, probablemente, las superarán con el tiempo. Conserve la calma y, para reconfortar a su hijo, permítale que comparta sus sentimientos y temores cuando esté totalmente despierto. Si las interrupciones se hacen más frecuentes o intensas, es recomendable consultar con el pediatra.

Rutinas para la Hora de Comer

La hora de comer puede ser un momento estresante para las familias. Los hábitos alimenticios cambiantes y el rápido crecimiento de los niños pequeños causan, con frecuencia, modificaciones en las preferencias de comidas. Al mismo tiempo, muchos niños pequeños están aprendiendo que pueden tomar decisiones por su cuenta y han aprendido que la hora de comer les da oportunidades de ejercitar su independencia y explorar sus límites. Por lo tanto, es importante establecer reglas y rutinas para la hora de comer que ayuden a toda la familia a disfrutar la ocasión de reunirse y compartir una comida nutritiva y saludable.

Entre las rutinas para la hora de comer, podríamos mencionar las siguientes: servir las comidas a la misma hora todos los días, alentar el uso de buenos modales, comer alimentos de todos los grupos alimenticios y probar comidas nuevas. También podría ser que cada integrante de la familia se encargue de tareas específicas para llevar la comida a la mesa y limpiar una vez finalizado el almuerzo o la cena.

En el caso de los niños pequeños, una manera de fomentar los buenos modales para comer es usar los dedos para contar qué tan a menudo usan buenos modales. Por ejemplo, si un niño pide con cortesía que le pasen algo, eso contaría como un punto (levante un dedo). Si el niño suma diez puntos durante una comida (un dedo por cada uso de buenos modales), podría ganarse el privilegio de mirar un video o comer un postre especial. Cuando los niños se concentran en jugar este juego de los buenos modales, pueden volverse más cooperadores en la mesa.

Otra manera divertida de crear una rutina a la hora de comer es dejar que sus hijos sean ayudantes de cocina. Ya sea que ayuden a poner la mesa, elijan las verduras que les gustan, revuelvan su comida favorita, limpien después de comer con la ayuda de uno de sus padres o, simplemente, llamen a los demás a comer, su participación puede ayudar a los niños a comprender que son una parte importante de la rutina para la hora de comer.

Use muchos elogios a la hora de comer e intente evitar los ciclos de discusión; para ello, planifique y practique con anticipación qué sucederá sistemáticamente cuando los niños participen o no en las rutinas diarias correspondientes a este horario.

Haga hincapié en comer sano en todas las comidas y sirva a los niños bocadillos sanos, como frutas o verduras, entre comidas.

Fuentes de Consulta para Aprender a Usar el Baño, Viajes, Hora de Acostarse y Comidas

Friman, P.C. (2005). ***Good night, sweet dreams, I love you. Now get into bed and go to sleep!*** *(Buenas noches, dulces sueños, te quiero: ¡ahora acuéstate y duérmete!)* Boys Town: Boys Town Press.

Reimers, T.M. (2011). ***Help! There's a toddler in the house!*** *(¡Auxilio! ¡Hay un niño pequeño en casa!) Estrategias de eficacia demostrada para padres de niños de 2 a 6 años de edad para sobrevivir y hacer que sus hijos crezcan en medio de las travesuras, alborotos y rabietas.* Boys Town: Boys Town Press.

16

Usemos Todo lo Que Aprendimos

Su Propio Plan de Crianza

Este libro es más que una colección de capítulos individuales sobre cómo criar a los niños pequeños. Todas las destrezas que ha aprendido con este libro están pensadas para funcionar en conjunto. Si bien son magníficas herramientas de crianza en sí mismas, funcionan con mejores resultados cuando forman parte de un plan de crianza que las utilice todas juntas.

Por ejemplo, los *Elogios Eficaces* son una herramienta maravillosa para estimular a sus hijos a hacer cosas que a usted le gustan. Sin embargo, no se trata de una destreza para responder a comportamientos problemáticos. La *Instrucción Correctiva* funciona mucho mejor para este fin. Estas dos destrezas deben funcionar juntas para enseñar con claridad a los niños los comportamientos que deben y no deben tener y para elogiarlos por los pasos que den en la dirección correcta.

El objetivo de este capítulo es mostrarle claramente cómo puede usar todo lo que ha aprendido con este libro para desarrollar un estilo de crianza que le permitirá disciplinar y cuidar, de manera positiva y eficaz, a sus hijos. A esto lo llamaremos su *Plan de Crianza Práctica.* Antes de interiorizarnos en cómo crear este plan, hay algo importante que necesitamos tener en cuenta.

Desde los *Elogios Eficaces* hasta la *Enseñanza del Dominio Propio,* usted ha aprendido destrezas de crianza que le dan la capacidad de manejar la mayoría de los problemas de disciplina infantiles que enfrentan los padres todos los días. Sin embargo, estas destrezas son sólo herramientas de disciplina. Los verdaderos pilares de la crianza incluyen otras cosas: el amor incondicional, la comprensión del desarrollo del niño y cultivar las relaciones con nuestros hijos. Analicemos brevemente cada uno de ellos.

Amor incondicional

El amor incondicional por nuestros hijos es la piedra angular de la crianza. Proporciona un entorno que hace posible el aprendizaje y brindarles todo lo que necesitan para crecer. Los niños necesitan sentirse seguros para intentar cosas nuevas, aunque eso implique que, en algunas ocasiones, fracasen. Necesitan saber que son amados y valorados por lo que son, no por lo que hacen. Necesitan sentirse incluidos y aceptados a pesar de que no son perfectos. El amor incondicional de los padres les envía estos mensajes. La disciplina funciona mejor cuando la aplica un adulto que ame a los niños de una manera positiva, con el fin de instruirlos.

Comprensión del desarrollo infantil

Comprender cómo crecen y aprenden nuestros hijos nos ayuda a saber qué es razonable esperar de ellos y cuándo están listos para recibir nuestras enseñanzas. Las destrezas incluidas en este libro tienen mayores probabilidades de ser eficaces si se las ajusta, de manera apropiada, al desarrollo físico y emocional de su hijo. Recuerde que las claves para impartir enseñanzas a los niños pequeños son la repetición, la constancia y la paciencia.

Cultivo de las relaciones

Cultivar las relaciones con nuestros hijos puede ser la mejor forma de utilizar el tiempo del que disponen los padres. Además de amar a sus hijos incondicionalmente, los padres no tienen ninguna responsabilidad más importante que ayudarlos a crecer felices, sanos y seguros de sí mismos. Siempre podemos dejar las tareas domésticas y de la casa para otro momento. Ciertos asuntos, tales como practicar el uso del baño, el desorden en las habitaciones de los niños y los líos a la hora de bañarse, también van y vienen. Con el tiempo, los niños dejan de usar pañales, aprenden a comer y vestirse solos y se ocupan de muchas de sus necesidades. Puede que algunos problemas duren más, pero incluso esos tienden a desaparecer cuando nuestros hijos se convierten en jóvenes adultos y se enfrentan al mundo por sus propios medios. La crianza reconfortante es la manera de prepararlos para ese momento.

La única parte de la crianza que realmente perdura es la relación con nuestros hijos. Comienza antes del nacimiento y continúa durante mucho tiempo después de que hayan crecido y dejado el hogar. Las relaciones firmes nos ayudan a apreciar los momentos buenos y a superar los difíciles. Sin embargo, las relaciones no se forman por arte de magia.

Para que las relaciones sean firmes, deben basarse en compromisos y experiencias compartidas. Estas requieren tiempo. No hay momento que pasemos con los niños que no sea importante. Cada cuento que les leemos a la hora de dormir, cada beso en la mejilla y cada salida al parque ayudan a cultivar la relación entre el niño y su progenitor.

Las relaciones también se cultivan por la manera en que disciplina a su hijo. Esto sucede cuando lo elogia con frecuencia, le enseña a tener éxito, establece límites apropiados para él y conserva la calma cuando él no lo hace. La manera en que disciplina a su hijo puede mostrarle cuánto le importa.

Cada día, todos disponemos de la misma cantidad de tiempo para usar. Utilícelo bien y use tanto tiempo como pueda en las cosas que tienen una importancia duradera, en especial, la relación con su hijo.

Plan de Crianza Práctica

Ahora que ya hemos colocado los cimientos, pasemos a la creación de un plan para impartir enseñanzas, de manera eficaz, a nuestros hijos.

Paso 1: Identifique el problema

Si bien un plan de crianza puede comenzar con la enseñanza de nuevas destrezas y rutinas, o con el fortalecimiento de las existentes, dichos planes se crean, por lo general, a raíz del comportamiento problemático del niño.

> "Cuando se ayuda a un niño hoy, se escribe la historia del mañana".
>
> – *Padre Flanagan*

Antes de que pueda producirse un cambio, los padres deben, en primer lugar, identificar con claridad el problema. Esto significa elaborar una descripción clara de lo que el niño hace o dice, y qué desean cambiar los padres. Para comenzar a desarrollar un *Plan de Crianza Práctica* propio, piense en un problema de comportamiento infantil que le gustaría cambiar y escríbalo en una hoja de papel con el título *"Mi Plan de Crianza Práctica"* (al final de este capítulo se incluye un *Plan de Crianza Práctica* de muestra para darle algunas ideas sobre cómo completarlo).

Paso 2: Enseñe alternativas

El segundo paso de su plan es identificar cómo le gustaría que se comportara su hijo. Por lo general, enseñar algo de forma específica o hacer un cambio en una rutina puede ayudar a que las cosas salgan mejor. La enseñanza puede concentrarse en una tarea o destreza social específica que le gustaría que su hijo realizara o pusiera en práctica.

Piense en una o dos cosas que podría enseñar y que ayudarían a su hijo a desempeñarse con éxito en la situación problemática que usted identificó. En la hoja de su *Plan* de

Crianza Práctica, escriba cómo podría enseñarle esto a su hijo mediante la *Instrucción Preventiva.*

Paso 3: Promueva cambios positivos

Cuando comience a enseñarle de manera activa a su hijo a obtener mejores resultados, el próximo paso será seguir estimulándolo para que los cambios continúen. Para hacer esto, se pueden usar *Elogios Eficaces* cuando el niño muestre avances o intente hacer mejor las cosas.

> "Los niños necesitan amor, en especial, cuando no lo merecen".
>
> *- Harold Hulbert*

Recuerde que, para los niños, los cambios pueden ser difíciles. Es posible que también necesite usar recompensas ocasionales (consecuencias positivas) para incentivar a su hijo a seguir intentando hacer las cosas mejor o a mantener los cambios que ya se produjeron. En la hoja de su *Plan de Crianza Práctica*, escriba cómo podría usar *Elogios Eficaces* y recompensas para fomentar cambios positivos en el comportamiento de su hijo.

Paso 4: Corrija los errores

Más allá de lo bien que enseñemos e incentivemos a nuestros hijos para que les vaya mejor, es probable que, de todos modos, sigan cometiendo algunos errores antes de comenzar a mejorar. Cuando esto ocurre, puede usar la *Instrucción Correctiva* junto con una consecuencia negativa para poner fin al comportamiento problemático y enseñar a sus hijos cómo hacer las cosas mejor la próxima vez.

En su hoja, escriba cómo podría usar la *Instrucción Correctiva* si su hijo continúa teniendo el comportamiento problemático y qué consecuencias negativas podrían servir para que se centre en los comportamientos positivos.

Paso 5: Elabore un Plan para Conservar la Calma

En el caso de algunos comportamientos, las cosas parecen empeorar, en lugar de mejorar. Los niños pequeños se enojan, se avergüenzan y se frustran con facilidad cuando se los corrige o cuando intentan aprender algo nuevo. Los padres también se pueden frustrar o enojar cuando los cambios tardan en producirse.

Para asegurar que las emociones no se interpongan en su enseñanza, es posible que necesite combinar su *Plan para Conservar la Calma* con la destreza de la *Enseñanza del Dominio Propio*. En su hoja, escriba cómo se pueden calmar usted y su hijo cuando comienzan a tener problemas para controlar sus emociones mientras trabajan juntos para corregir el comportamiento problemático que ha identificado.

Consejos Útiles

¡Eso es todo! Ahora ha creado un plan sensato para cambiar situaciones problemáticas relacionadas con su hijo. Haga de él una guía que lo ayude a enseñar a su hijo, de manera determinada y tranquila, a hacer cambios positivos en esta área problemática. Use un plan como este para otros comportamientos problemáticos del niño. Para que su plan sea más eficaz, recuerde las siguientes sugerencias útiles:

Sea constante:

Los niños pequeños aprenden mejor con la repetición y la constancia. No hay que ser Einstein para aplicar una crianza eficaz. Al contrario: sólo hay que tener unas pocas cosas sencillas en cuenta y hacerlas con constancia. Use las destrezas de la *Crianza Práctica de los Hijos* que ha aprendido como ayuda para enseñar a sus hijos con constancia las lecciones que necesitan aprender.

Concéntrense en lo positivo:

Las lecciones que crecen en el terreno fértil del incentivo duran más que aquellas que tienen dificultades en el terreno rocoso de la crítica. Detecte los avances de su hijo y sus intentos de hacer las cosas bien. Corregir comportamientos problemáticos siempre formará parte de la crianza. Los elogios y los incentivos sólo son parte útil de la crianza si usted los incluye intencionalmente.

Use la creatividad:

Criar niños pequeños debería ser divertido y emocionante. Busque oportunidades de hacer que los acontecimientos cotidianos sean especiales y reafirmantes para usted y su hijo. Practique con juegos y simulaciones, mire las cosas desde el punto de vista de su hijo y deje que él le enseñe algo a usted. Otras maneras creativas de enseñar son, entre otras, hacer canciones que relaten sus expectativas, usar el humor, y usar cuadros de méritos o calcomanías para hacer un seguimiento de los logros alcanzados. Este tipo de ideas también pueden ayudar a reducir el estrés, aumentar la motivación y fortalecer la relación con su hijo. Cuando los problemas persisten, no tema intentar abordajes nuevos o buscar ayuda de otras personas. Hable con el personal de la guardería o del jardín de infancia, lea otros libros sobre crianza, observe a otros padres, llame a amigos o parientes o visite el sitio web de Boys Town: **parenting.org.**

Obséquiese una recompensa:

Algunas de las mayores dificultades de criar niños pequeños se relacionan con sentir que uno trabaja demasiado, que no se lo aprecia como corresponde y que está solo. Criar niños pequeños es una gran responsabilidad. A veces, el trabajo que exige dificulta ver la dicha y los beneficios que brinda. Los niños pequeños no comprenden qué significa tener un día difícil en el trabajo, preocuparse por pagar las cuentas o que se acumulen las tareas domésticas. Ellos sólo quieren jugar. Es fácil para los padres hacer de sus propias tareas el centro de atención de su vida cotidiana. Luego, cuando se dan cuenta, no han hecho nada por ellos mismos en mucho tiempo.

Tal como sucede con los automóviles, no se puede seguir durante mucho tiempo con el tanque vacío. ¿Qué puede hacer para recargar su tanque? Tómese unos minutos para pensar qué puede ayudarlo a sentirse apreciado, con energía o con esperanza. He aquí algunas ideas:

* Disfrutar un buen baño de espuma.
* Salir de noche con su cónyuge.
* Asistir al servicio religioso para adultos sin los niños.
* Ver una película con amigos.
* Comprar ropa.
* Cenar fuera (sin los niños).
* Ir a un partido de béisbol.
* Ir al teatro o al cine.
* Comer con platos de papel para no tener que lavar los platos.
* Dedicar tiempo a un pasatiempo o a un deporte.
* Ejercitarse.
* Levantarse tarde.
* Vestirse sin que haya niños alrededor.
* Salir a hacer una caminata.
* Escuchar su música favorita.
* Tener tiempo para leer.
* Turnarse con otros padres para cuidar a los niños.
* Usar los servicios del "Día Libre para las Mamás" que ofrecen algunas iglesias.
* Pedir a parientes o amigos que cuiden a sus hijos cada tanto.
* Jugar al golf o a las cartas con amigos.

Seleccione algunos puntos de esta lista para crear la suya. Puede elegir hacer algunas actividades con toda la familia o disfrutar de otras por su cuenta o con otros adultos. Haga un plan para incluir algunas de estas ideas en su cronograma.

Úselas para recompensarse por cumplir con su *Plan de Crianza Práctica* o simplemente porque necesita una pausa de vez en cuando. Sin importar la manera en que decida incluirlas en su vida cotidiana, una cosa es segura: debe incluirlas. Todos los padres necesitan aliento, actividades cuya expectativa los ilusione y maneras de reducir el estrés de la vida cotidiana. Identifique varias maneras de satisfacer estas necesidades y conviértalas en un elemento habitual de su vida. Tanto usted como sus hijos se beneficiarán.

En Resumen

Esperamos que, a medida que aplique las destrezas incluidas en este libro, comience a ver cambios positivos en sus hijos y en usted mismo. ¿Desaparecerán el estrés y los problemas asociados a la crianza? ¿Tendrá la respuesta perfecta para cada problema que surja? Por supuesto que no. Ningún programa de crianza puede prometerle eso.

Sin embargo, confiamos en que las destrezas que haya aprendido puedan ayudarlo con la mayoría de los problemas diarios que enfrente. ¿Por qué tenemos tanta confianza? Por dos razones. La primera es que hemos visto funcionar bien estas destrezas en familias como la suya. Según informan los padres que usan las destrezas aprendidas en *La Crianza Práctica de los Hijos*, sus hijos tienen menos problemas de comportamiento; además, nos dicen que se sienten más satisfechos con su familia y con su trabajo como padres.

La segunda razón de nuestra confianza es **¡USTED!** Los padres de niños pequeños están entre las personas más asombrosas que conocemos. Habitualmente, exhiben algunas de las cualidades de crianza más maravillosas, incluidos el amor, el compromiso, la atención, la preocupación, la paciencia, la capacidad de escuchar, la voluntad de sacrificarse, el humor, la creatividad, la flexibilidad, la emoción por los logros del niño, la capacidad de perdonar los errores y la voluntad de aprender.

Es cierto que las destrezas que se presentan en este libro son eficaces para criar niños pequeños. Sin embargo, de poco sirven sin usted y su compromiso hacia sus hijos. Las cualidades que usted aporta a la crianza son lo que realmente marca una diferencia en la vida de su hijo. Esto es así cuando sus hijos son pequeños y, también, cuando se convierten en adultos.

Celebre los logros de sus hijos y los hitos que alcancen. Usted es una razón importante de cada logro. No se desanime por las contrariedades y las dificultades. Recuerde que, mientras participe en la vida de sus hijos, tendrá la oportunidad de ayudar a convertir las contrariedades en logros futuros. Continúe disfrutando de sus hijos y permítales a ellos disfrutar de usted.

Ejemplo de Plan de Crianza Práctica

Paso 1: Identifique el problema.

Un comportamiento de mi hijo que me gustaría cambiar:

Deja sus juguetes por toda la sala de estar.

Paso 2: Enseñe alternativas.

Algo que podría cambiar y que ayudaría a resolver el problema:

No permitir juguetes en la sala de estar; permitirlos únicamente en la habitación o el cuarto de juegos.

Dos cosas que podría enseñar a mi hijo y que ayudarían a resolver el problema:

Seguir instrucciones cuando se le pide que recoja los juguetes.

Pedir permiso para sacar los juguetes antes de llevarlos a la sala de estar.

Paso 3: Promueva cambios positivos.

Avances o intentos positivos por los que podría elogiar a mi hijo:

Decir "De acuerdo" cuando se le pide que recoja los juguetes.

Conservar la calma cuando se le pide que recoja los juguetes.

Recoger algunos de sus juguetes.

Aceptar una consecuencia negativa cuando no guarda los juguetes.

Recompensas que puedo darle:

Elogios, sonrisas, caricias, ayudarlo a recoger los juguetes, galletas, jugar juntos, etc.

Paso 4: Corrija los errores.

Lo que podría decir cuando corrijo a mi hijo por dejar los juguetes sin guardar:

Describir el comportamiento problemático con **La Imagen y la Palabra:** *"Mi amor, sé que quieres mirar televisión, pero tus juguetes todavía están en el piso".*

Aplicar una consecuencia negativa: *"No podrás mirar televisión hasta que hayas guardado los juguetes".*

Indicar el comportamiento deseado mediante La Imagen y la Palabra: *"Pon todos los juguetes en el baúl de tu habitación y avísame cuando hayas terminado".*

Dar una razón: *"Si guardas tus juguetes, nadie los pisará".*

Practicar: *"Veamos qué tan rápido puedes hacerlo. Controlaré el tiempo. ¿Listo? En sus marcas... Listos... ¡ya!"*

Consecuencias negativas a las que puedo recurrir cuando mi hijo no guarda los juguetes:

Desahacer: recoger los juguetes.

Tiempo Quieto.

Redirigirlo de lo que está haciendo a recoger los juguetes.

Quitarle el privilegio de mirar televisión hasta que haya recogido los juguetes.

Paso 5: Elabore un Plan para Conservar la Calma.

Si me altero cuando mi hijo no guarda los juguetes, puedo hacer lo siguiente para calmarme:

Respirar profundo, contar hasta diez y utilizar conmigo mismo la consecuencia de Tiempo Quieto.

Si mi hijo se altera cuando le hablo de que no ha guardado sus juguetes, puede hacer lo siguiente para calmarse:

Quedarse un rato solo en su habitación, respirar hondo, apretar su almohada, etc.

Bibliografía

Berk, L.F. (1996, 2012). ***Infants, children, and adolescents*** *(Bebés, niños y adolescentes).* Boston: Allyn & Bacon.

Indicadores de Desarrollo. (27 de marzo de 2014). Centros para el Control y la Prevención de Enfermedades. Consultado el 31 de Julio 2014, de http://www.cdc.gov/NCBDDD/actearly/milestones/index.html

Eisenberg, A., Murkoff, H.E., y Hathaway, S.E. (1994). ***What to expect: The toddler years*** *(Qué esperar: los años de infancia).* ***Nueva York: Workman Publishing.***

Franck, I., y Brownstone, D. (1996). *Parenting A to Z (Crianza de la A a la Z). Nueva York: Harper Collins.*

Friman, P.C. (2005). ***Good night, sweet dreams, I love you. Now get into bed and go to sleep!*** *(Buenas noches, dulces sueños, te quiero: ¡ahora acuéstate y duérmete!) Boys Town: Boys Town Press.*

Manczak, D.W. (1986-1997). ***Normal childhood development*** *(El desarrollo normal en la infancia). Greenwood Village, CO: National Health Enhancement Systems, Clinical Reference Systems, Ltd.*

Reimers, T.M. (2011). ***Help! There's a toddler in the house!***

(¡Auxilio! ¡Hay un niño pequeño en casa!) Estrategias de eficacia demostrada para los padres de niños de 2 a 6 años de edad para sobrevivir y hacer que sus hijos crezcan en medio de las travesuras, alborotos y rabietas. Boys Town: Boys Town Press.

Shelov, S.P., y Hannemann, R.E. (1993, 2009). **Caring for your baby and young child: Birth to age 5** *(El cuidado de su hijo pequeño: desde que nace hasta los 5 años). Nueva York: Bantam Books.*

Thompson, C.E. (1992). 101 Wacky facts about kids (101 datos insólitos sobre los niños). Nueva York: Scholastic, Inc., Parachute Press.

White, B.L. (1995). **The first three years of life** *(Los primeros tres años de vida). Nueva York: Simon and Schuster.*